할머니 에드나(Edna)와 에스더(Esther)에게
이 책을 바칩니다.

Authorized translation from the English language edition, entitled TRADING FROM THE GUT REQUIRES A CAREFUL BALANCING ACT, 1ST EDITION by CURTI SFAITH published by Pearson Education, Inc, Copyright © 2010.

All rights reserved. No part of this book may be reproduced or transmitted in any form or by any means, electronic or mechanical, including photocopying, recording or by any information storage retrieval system, without permission from Pearson Education, Inc.

KOREAN language edition published by IREMEDIA CO.,LTD., Copyright © 2011.
KOREAN translation rights arranged with PEARSON EDUCATION, INC. through AGENCY PK, SEOUL, KOREA

본 저작물의 한국어 판권은 AGENCY PK를 통해 PEARSON EDUCATION, INC.와의
독점 계약으로 (주)이레미디어에 있습니다. 저작권법에 의해 한국 내에서 보호를 받는 저작물이므로 무단 전재와 무단 복제를 금합니다.

터틀 원년 멤버가 공개하는 강력한 거래 기술

TRADING
FROM YOUR
GUT

통찰력으로
승부하라

커티스 페이스(Curtis Faith) 지음 | 황선영 옮김

이레미디어

이 책에 대한 찬사

"우뇌식 사고의 힘이 추세와 차트를 분석하기 바쁜 주식시장과 옵션 거래의 세계에 적용될 수 있는지 궁금해하는 모든 이들을 위해 커티스 페이스가 해답을 제시한다. 『통찰력으로 승부하라』에서 페이스는 급변하는 새로운 시대에 의사 결정을 위한 로드맵을 제공하기 위하여 뇌에 관한 연구, 신경학적 모델, 경험을 통해 얻은 지혜를 총동원한다."

— 『새로운 미래가 온다(A Whole New Mind)』와 『충동- 무엇이 사람들에게 동기를 부여하는가에 대한 놀라운 진실(Drive)』의 저자 **다니엘 핑크(Daniel H. Pink)**

"나는 책이 인식 체계에 대대적인 변화를 가져올 방법을 개발하는 데 도움을 줄 때에만 그 책을 읽을 가치가 있노라고 말하는 편이다. 직관적인 트레이더가 될 수 있도록 두뇌를 훈련시키는 방법을 다룬 부분에서 나는 커티스가 들려주는 이야기에 압도되었다. 이 부분을 읽고 나서 나는 트레이더들이 거래를 더 잘 하는 방법을 배울 수 있도록 확실하게 도와줄 수 있는 놀라운 아이디어를 여러 개 생각해냈다. 좋은 아이디어를 떠올릴 수 있도록 영감을 줬다는 사실만으로도 『통찰력으로 승부하라』가 훌륭한 거래 서적으로서의 가치가 충분하다는 생각이 든다."

— 『경제적 자유를 위한 나만의 거래 기법(Trade Your Way to Financial Freedom)』과 『대단한 트레이더(Super Trader)』의 저자 **반 타프(Van K. Tharp)**

"감정은 인식의 도구가 아니다. 우리가 특정 주식에 대해 갖게 되는 느낌은 그 주식의 동향과 아무런 관련도 없다. 그러나 훈련된 정신분석 전문가와 시장 전문가의 면모를 유감 없이 발휘하며 커티스 페이스는 『통찰력으로 승부하라』를 통해 우리가 내리는 투자 결정 뒤에 숨어 있는 인간의 본능에 대해 고찰한다. 이 책은 우리가 재정적인 성공을 거두는 데 있어 가장 큰 장애물인 '우리 자신'을 이겨낼 수 있도록 특별하고도 사려 깊은 길잡이 역할을 한다."

— 캐피탈리스트피그(Capitalistpig) 헤지 펀드 유한책임회사의 포트폴리오 매니저이자 폭스(Fox) 뉴스의 기고자 **조너선 호닉(Jonathan Hoenig)**

Trading From Your GUT

"커티스 페이스의 『통찰력으로 승부하라』는 어려운 과제를 성공적으로 수행해 낸다. 페이스는 복잡한 행태재무학과 심리학의 세계에서 명쾌하고 간단한 거래 전략들을 뽑아낸다. 열성적인 트레이더라면 누구나 읽어야 할 세계적인 베스트 셀러 『터틀의 방식WAY of the TURTLE』의 저자인 페이스는 설득력 있는 거래 계획을 수립하기 위하여 심리학에 기초한 통찰력을 조지 소로스와 같은 거래의 대가가 내놓은 설득력 있는 견해와 결합시켜 분석을 기반으로 하는 일련의 이론들에 적용시킨다.

페이스가 주장하는 것처럼 여러분은 이 책을 읽음으로써 '지적인 능력과 직관력'을 복합적으로 활용할 수 있게 될 것이다. 페이스는 포뮬러 원 카레이서, 스카이다이버, 나폴레옹 보나파르트, 고대 로마의 군사 작전, 제시 리버모어 등을 통해 얻은 다양한 가르침을 바탕으로 이를 실현하는 방법을 소개한다. 그렇다면 페이스가 다음에는 어떤 이야기를 들려줄 것인가? 양자론, 거래의 귀재 벤 그레이엄Ben Graham의 가르침, 급변하는 시장에서 살아남는 방법에 대한 조언과 같은 이야기가 되지 않을까?"

— 《파이낸셜 타임즈(Financial Times)》에 연재 중인 '모험심 강한 투자자(Adventurous Investor)'의 칼럼니스트 데이비드 스티븐슨(David Stevenson)

"커티스 페이스는 거래에 감정을 섞는 것과 직관을 이용하여 거래하는 것의 경계를 처음부터 분명하게 나눈다. 거래의 세계에서 감정은 설 자리가 없다. 하지만 본능적인 직관은 평범한 트레이더를 대가로 만드는 데 크게 기여할 수 있다고 커티스는 주장하고 있다. 여러 가지 흥미로운 일화와 예를 들어가며 페이스는 자신의 주장에 대해 설명하고, 분석력과 지력을 둘 다 이용하는 '두뇌를 골고루 활용하는 거래'를 향해 독자들을 이끈다. 이 책을 통해 여러분은 더욱 완전한 트레이더가 되기 위해 지력뿐 아니라 직관에도 귀를 기울여 거래에서 우위를 점하는 법을 터득하게 될 것이다."

— 『단기 거래 완전 정복을 위한 가이드(The Complete Guide to Investing In Short Term Trading)』의 저자 앨런 노스코트(Alan Northcott)

| 차례 |

이 책에 대한 찬사 • 004
감사의 글 • 010
추천사 • 012
서문: 선(禪)과 부드러운 스트로크에 관하여 • 020

 **직감의 힘** • 026

직관이란 무엇인가 • 030
직감을 활용하라: 좌뇌와 우뇌의 비교 • 032
인공 지능: 컴퓨터 신경망 • 034
생각과 감정은 서로 공존할 수는 없는가 • 034
재량적 트레이더와 시스템 트레이더의 차이 • 036
두뇌 전체를 사용하여 거래하라 • 038
마스터 트레이더가 되기 위한 전제 조건 • 040

 **직감이 추구하는 목적** • 042

초보 트레이더들이 알아야 할 직감의 위험성 • 046
당신의 뇌가 직감에 귀 기울이도록 만들어라 • 048
두뇌를 골고루 활용하는 방법에 대한 학습 • 053
직감을 갈고 닦는 것의 중요성 • 057

Contents

'잘못된 뇌'를 활용한 사고(思考) · 060

뇌 과학에 대한 기본적 이해 · 065
총알을 피하라: 도망가는 자는 살아남아서 하루를 더 싸울 수 있다 · 066
뉴스와 소음 중 의미 있는 정보만 골라 들어라 · 067
심리적 관성을 이해하면 최적의 투자 시점이 보인다 · 070
이익이 아닌 손실의 관점에서 수익을 지켜라 · 073
처음에 성공하지 못했다고 좌절할 필요는 없다 · 078
강한 의견을 약하게 피력하는 투자의 지혜 · 079
좋은 결정에도 불구하고 나쁜 결과를 얻을 수 있다 · 081
두뇌의 최신 편향을 극복하라 · 082
군중심리에 기초한 편승 효과의 위험성 · 084

시장의 구조 · 086

시장 가격을 결정짓는 반복적 행동들의 의미 · 091
주가를 구성하는 요소는 무엇인가 · 094
시장의 관성과 모멘텀에 대하여 · 097
커졌다 작아졌다 하는 불안 심리가 반영된 사이클 · 101
시장 구조를 파악하는 핵심, 지지와 저항 · 109
도취적 상승 랠리 후에 연속하는 절망적 가격 붕괴 · 113

| 차례 |

 **직감을 훈련하고 신뢰하는 방법**·120

감정과 직관의 분명한 차이 · 125
우뇌의 상향식 사고, 무엇이 다른가 · 128
시간적인 압박을 해소하는 직관의 힘 · 133
결단력이 필요한 순간에 결정적 우위를 갖는 직관 · 138

 **거래에 요구되는 지적 능력**·144

수익 가능성이 높은 거래 기법 · 147
기회의 원천이 되는 전략을 수립하라 · 150
잠재적 수익의 근원이 되는 시장의 창발적 행동 · 153
스윙 트레이딩에 나서기 위한 준비 · 154
전뇌(全腦)를 활용하는 거래의 이상적 모델이 되는
리바운드 스윙 기법 · 157
주가의 재반등 기회를 노려라 · 170

 **대가가 되기 위한 조건: 단순함과 신속함**·172

거래의 기술은 단순함에서 비롯된다 · 177
베테랑 트레이더의 우뇌 훈련법 · 179
단순함과 신속함을 계속 유지하라 · 195

Contents

제8장 신기술을 이용할 줄 아는 최고의 트레이더 · 198

신기술을 이용하는 거래의 장점 · 205
유용성을 평가하는 지력과 분석력 향상시키기 · 208
직관을 훈련시키는 컴퓨터 기술 · 212
변화의 속도에 보조를 맞추다 · 214

제9장 균형으로 최상의 거래를 만들다 · 216

직관이 균형을 잃지 않도록 도와라 · 220
거래에서의 균형잡기 · 223
마스터 트레이더가 되는 길은 하나의 지속적인 과정이다 · 226

결론: 거래의 기술 · 228
후기: 로마, 낚시, 그리고 '직감'의 긍정적 면에 대하여 · 242
   불확실성이 야기하는 두려움
   고대 로마의 전술로부터 배우는 교훈
   심리적 압박감을 줄이는 행동 지침
   리스크 관리에도 효과적인 직관
   어떤 일이 생기든 유연하게 대처하라
   낚시를 통해 배운 교훈
   불확실성에 대처하기 위한 차선책 수립
   두려움이 적을수록 직관을 더 잘 활용할 수 있다
   의식적인 의사 결정 내리기
   당신의 직감에 따라 행동하라
거래의 기술에 관한 3부작 · 266
참고 문헌 · 272

| 감사의 글 |

이 책은 나의 세 번째 책이다. 책을 이미 두 권이나 썼으니 이제 책 한 권을 쓰는데 얼마나 많은 노력이 필요한지 잘 알거라고 생각할지도 모르겠다.

하지만 나는 책 한 권을 만들기 위해 정말 많은 노력을 기울여야 한다는 사실을 매번 잊어버린다.

원고를 작성할 때 아내 제니퍼가 큰 도움을 줬다. 문장을 다듬고 자료 조사를 도와주었으며, 어느 부분이 명확한지 또는 불명확한지 알려주었다. 아내 덕분에 이 책이 훨씬 나아질 수 있었다. 고마워, 젠.

FT 프레스FT Press 편집장인 나의 멋진 편집자 진 글래서Jeanne Glasser는 이 책의 최초 컨셉을 잡는 데 도움을 주었다. 필요할 때는 솔직하게 비평도 해주었고, 이 책이 이렇게 탄생할 수 있도록 나를 열심히 격려해주었다. 진, 고마워요.

아울러 원고에 대한 의견과 비평을 아끼지 않았던 더그 컬터Doug Coulter, 레비 프리드먼Levi Freedman, 앤서니 가너Anthony Garner, 제레미 저브Jeremy Zerbe에게도 감사의 마음을 전한다.

FT 프레스의 부사장이자 발행인 팀 무어Tim Moore, 홍보 담당자 로라 차야Laura Czaja, 수석 마케팅 관리자 줄리 파이퍼Julie Phifer, 마케팅팀장이자 부 발행인인 에이미 나이드링거Amy Neidlinger는 책의 컨셉과 제목, 마케팅을 도와주었고, 샤프너 미디어 파트너스Schaffner Media Partners에서 근무하는 나의 홍보 담당자 허브 샤프너Herb Schaffner 역시 마케팅을 위해 애써주었다. 고마워요.

마지막으로, 미완성의 단어들을 엮어 진짜 책으로 만들어준 프로젝트 편집장 로리 라이언스Lori Lyons, 교정 담당자 크리스타 핸싱Krista Hansing, 삽화가 로라 로빈스Laura Robbins, 조판 담당자 노니 래트클리프Nonie Ratcliff 등 제작팀의 주인공들에게 고맙다고 말하고 싶다.

| 추천사 |

반 타프(Van K. Tharp) 박사
NLP 모형 제작자 겸 거래 코치
『Trade Your Way to Financial Freedom』 『Super Trader』 저자
www.VanTharp.com

내가 만일 최초에 느꼈던 직관을 그대로 따랐더라면, 아마도 독자 여러분들은 이 서문을 읽지 못했을지도 모른다. 생물심리학을 중점적으로 연구하는 심리학 박사학위 소지자로서, 나는 직관이라는 개념이 제법 친숙했던 탓에 처음에는 이 책의 앞부분에 실린 내용에 별다른 관심을 갖지 않았다. 그러나 심리학에 문외한인 트레이더들에게는 이러한 내용이 대단히 유용한 출발점이 될 것이다. 인간의 판단에 관여하는 휴리스틱스(heuristics: 불확실한 상황에서 의사결정 시 도움이 되는 경험적인 지식—옮긴이)와 이것들이 거래에 어떠한 방식으로 영향을 미치는지에 대해 다룬 부분에 특히 주의를 기울이기 바란다. 이는 거래에 관련된 결정을 내리는 데 있어 아주 중요한 부분인 만큼 꼼꼼히 읽어두기를 권한다. 이 외에도 특별히 관심을 기울일 만한 몇 가지 다른 주제들도 책의 앞부분에 실려 있다. 우뇌와 좌뇌의 차이점, 여러 종류의 집단적인 현상과

이러한 현상들이 거래에 미치는 영향, 신경망과 직관력, 그리고 직관을 신뢰하는 데 따르는 위험성 등이 다루어지고 있다.

커티스가 이 책에서 거듭 강조하는 요점은 최상의 거래 결과를 얻기 위해서는 직관을 훈련시켜야 한다는 점이다. 이러한 주장에 동의하는 만큼 나는 중간에 책을 놓지 않고 계속 읽어나갔다. 돌이켜보니 그러기를 참 잘했다는 생각이 든다. 제6장에서 8장에 이르기까지, 나는 커티스가 들려주는 이야기에 압도되어 시간 가는 줄 모르고 이 책을 읽었다. 커티스는 이 부분에서 직관적인 트레이더가 될 수 있도록 뇌를 훈련시키는 방법에 대해 소개한다.

나는 주요한 패러다임의 변화를 진행하는 데 있어서 책이 나에게 도움을 준다면, 그 책은 읽을 가치가 있다고 생각한다. 이 부분을 읽었을 때, 나는 트레이더들이 거래를 더 잘하는 방법을 배울 수 있도록 확실하게 도와줄 여러 가지 놀라운 아이디어를 생각해냈다. 나로서는 좋은 아이디어를 떠올리게끔 영감을 줬다는 사실만으로도 이 책이 훌륭한 거래 서적으로서의 가치가 충분하다는 생각이 든다.

이 책의 마지막 장에서는 거래와 직관에 관련된 중요하면서도 일반적인 다음과 같은 내용을 담고 있다. 1)사후검증과 직관, 2)직관력과 지력 간의 균형 맞추기, 3)생활 속에서 거래가 숙달되는 것 등이다.

여기서 잠깐 직관의 여러 가지 유형에 대해 알아보고, 거래 코치로서의 나의 경험이 어떻게 직관의 중요성을 깨닫게 해주었는지에 대해 이야기해보려 한다.

지난 반세기 동안 컴퓨터가 이룩해낸 놀라운 진보에도 불구하고, 인간의 뇌와 근접한 수준에 도달한 컴퓨터는 그 어디에도 존재하지 않는다. 예를 들면, 나는 효율적인 주식(노이즈 현상 혹은 무작위적인 움직임이 아주 적게 나타나는 주식)을 거래하는 것을 선호한다. 차트상에서 45도 각도로 일직선을 그리며 올라가는 주식이야말로 효율적인 주식의 가장 이상적인 예일 것이다. 하지만 지금까지 거래를 해오면서 그토록 완벽한 주식은 단 한 번도 본 적이 없다. 나는 휩소(잘못된 신호 혹은 기술적인 속임수―옮긴이)를 보고 주가의 움직임에 어느 정도의 노이즈가 발생하는지 파악하고는 하는데, 대다수의 추세 종목에서 휩소가 많이 나타난다. 여기 소개하는 그림은 장기 채권 ETF의 일종인 LQD의 그래프로서, 효율적인 주식에 비교적 근접한 좋은 예를 보여주고 있다. 2009년 3월부터 아주 적은 양의 노이즈만을 보이며 쭉쭉 올라가는 모습을 확인할 수 있다.

나는 아무리 많은 노력을 기울여도 가장 효율적인 주식만을 선별해낼 수 있는 소프트웨어를 프로그래밍하기란 불가능에 가깝다는 사실을 깨달았다. 내가 할 수 있었던 최선의 방법은 화면에 주식 리스트를 올리는 것이었다. 효율적인 주식을 찾기 위해서는 아직도 종목마다 일일이 주가 차트를 살펴봐야 한다. 인간의 눈으로는 차트를 보면서 효율적인 주식을 손쉽게 찾아낼 수 있지만, 컴퓨터로는 이러한 작업이 여전히 불가능하다. 이렇듯 시각적으로 보이는 주가 패턴을 이용한 거래를 주로 '재량적 거

그림 LQD 주가 차트(2008년 11월~2009년 9월)

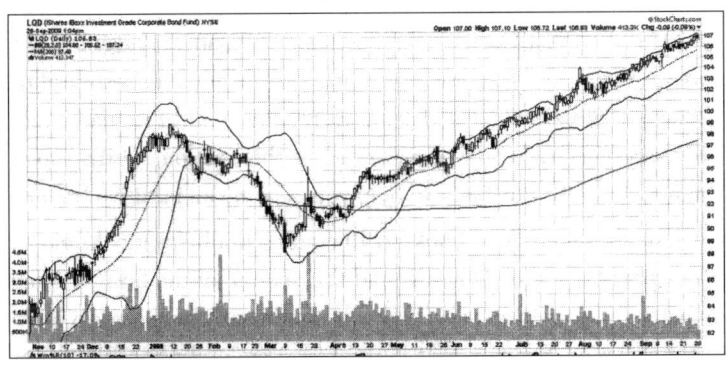

래'라고 일컬으며, 이것이 바로 직관의 첫 번째 형태이다.

직관의 두 번째 형태는 방대한 양의 데이터를 다룰 때 도움이 된다. 인간의 뇌는 컴퓨터와 인터넷의 출현 이후 매년 두 배 가까이 불어난 많은 분량의 정보에 노출된다. 그러나 우리의 의식은 약 일곱 개의 정보 덩어리만을 감당할 수 있다(사람에 따라서는 두 개 정도의 덩어리를 더 감당할 수도 있고, 그렇지 못할 수도 있다). 다음에 소개하는 간단한 실험을 통해 이것이 무슨 말인지 이해하게 될 것이다. 상대편이 숫자가 가득 쓰인 긴 목록을 읽어 내려가는 동안 당신은 한쪽 손을 들고 있기 바란다. 그리고 불러주는 숫자를 더 이상 기억할 수 없을 때 손을 내리면 된다. 특별히 고급 기억술을 연마한 것이 아니라면, 인간의 정상적인 능력 범위에 속하는 다섯 내지 아홉 개 정도의 숫자만을 기억하게 될 것이다. 그러다가 우리의 의식이 별안간 수천 내지는 수백만 개의 정보 덩어리에 노출되면 어떠한 일이 일어날까? 인간은 엄청난 양의 정보를 감당하기 위해 본능적으로 휴리스틱스(정신적인 지름길)를 발달시키게 된다. 지난 20년 동안 심리학자들은 유명한 휴리스틱스를 많이 밝혀냈으며, 커티스는 이러한 휴리스틱스가 거래에서 어떤 역할을 하고 있는지에 대해 잘 설명하고 있다.

직관의 세 번째 형태는 특정한 과제를 완벽하게 이해하고 관련된 경험을 풍부하게 쌓음으로써 개발된다. 특정 분야에서 경험을 많이 쌓은 사람들은 다른 사람들이 그 원리를 이해하지 못할 때에도 기회나 위험을 재빠르게 감지해내는 데 탁월한 능력을 발휘한다. 이런 일이 어떻게 가능한지는 모르겠지만, 직관을 발달시켜온 트레이더들은 시장의 하락세가 임박했음을 직관적으로 알아차리고 재빠르게 시장에서 빠져나간다. 이와 비슷한 원리로 트레이더들 중에는 엄청난 기회가 다가옴을 미리 감지하는 사람들도 있다. 예를 들면, 존 템플턴John Templeton은 2000년 초에 대량의 닷컴주를 공매도하였다. 1990년대 후반에는 많은 사람들이 닷컴 사업 모델의 주가가 그렇게 높은 것이 적절하지 않다는 템플턴의 의견에 동의했었다. 그러나 이러한 의견에 따라서 이 주식을 남보다 6개월 더 일찍 공매도한다는 것은, 손해를 보며 환매에 나서거나 큰 손실 폭을 견뎌내야 한다는 의미였다. 템플턴의 타이밍은 참으로 기가 막혔다. 닷컴주를 언제 공매도해야 하는지 그는 어떻게 알아냈을까? 바로 직관 덕분이었다. 1929년이나 1987년과 같이 주식시장이 커다란 변화를 보일 때마다 템플턴과 같은 비슷한 성과를 올린 트레이더들이 있었다. 이들이 거래에 나선 타이밍은 하나같이 놀라웠고, 이를 설명할 수 있는 유일한 방법은 직관뿐이다.

좀 더 개인적인 일화를 예로 들어보기로 하자. 나는 은퇴한 어느 공과대학 교수를 고객으로 맞아 심오한 심리학 과정을 다룸으로써 그가 자신의 직관을 신뢰할 수 있도록 도와준 적이 있었다. 코칭 성과에 힘입어 그 교수는 이내 자기 내면의 소리에 귀 기울이는 법을 터득하게 되었다. 그 후로 15년 동안 그는 내면의 소리가 이끄는 대로 다양한 분야에 진출했는데, 거래도 그 중 한 가지였다. 1994년에 그 교수는 이미 제법 큰 규모의 거래 계좌를 보유하고 있었지만, 2008년 중반에 이르자 그가 기록한 수익률은 무려 5,100%로 껑충 뛰어올라 있었다. 그러던 어느 날, 내면의 소리가 그에게 거래를 그만두는 편이 좋겠다고 일러주었다. 2008년에 주식시장이 붕괴되기 직전에 말이다.

나는 2008년 중반에 그 교수와 얼마간 시간을 함께 보냈는데, 그는 자신이 어떠한 방식으로 거래했는지 알려주었다. 알고 보니 그는 나와 놀라울 정도로 비슷하게 효율적인 주식을 선호하는 방식을 사용하고 있었다. 기반이 탄탄하고 논리적인데다가 매우 단순한 방식이었다. 그는 롱 포지션으로 진입하고자 하는 주식을 선별하기 위해서 상위 5위 안에 속하는 산업들을 눈여겨봤으며, 숏 포지션으로 진입하고자 하는 주식을 선별하기 위해서 하위 5위 안에 속하는 산업들에 주의를 기울였다. 거래 전 첫 단계로 직관이 요구되었는데, 그는 종목들을 쭉 훑어보고 나서 거래량, 매집량 등의 변수를 바탕으로 해당 산업의 차트 중 어떤 차트에 주목할 필요가 있는지를 가려내었다.

이렇게 최초의 골라내기 작업이 끝나고 나면, 그 교수는 선별된 주식 차트를 1)1년 간 일봉 차트, 2)30일 간 시봉 차트를 통해 두 가지 시간대로 나누어 살펴보았다. 차트에는 두 개의 단순 이동평균선과 모멘텀, DMI+, DMI-(방향운동지수) 등이 표시되어 있었다. 그는 자신이 정확히 어떠한 과정을 거쳐 포지션에 진입하게 되는지 설명하기는 어렵다고 했다. 다만 주가가 두 시간대에서 모두 두 개의 이동평균선보다 위에 위치할 때 매매에 나서게 되는 것 같다고 말했다. 나는 그가 대체로 주가가 단기 이동평균선으로의 단기 되돌림 현상*을 보인 후 반등세를 보일 때까지 기다린다는 인상을 받았다.

그렇다면 그는 포지션을 언제 청산했을까? 그에게 청산 시점에 대해서 물어봤을 때 그의 대답은 나를 깜짝 놀라게 했다. "거래를 하도 오래 하다 보니 이제는 차트만 봐도 이 주식이 얼마나 오랫동안 상승세를 보일 것인지 알 수 있게 됐어요. 그게 몇 달이든, 며칠이든 간에 거의 정확하게 맞출 수 있어요." 나는 그런 일이 어떻게 가능한지 물었다. "나도 잘 모르겠어요. 그냥 보면 알겠던걸요." 이것이 바로 직관의 힘이다.

그 교수는 내가 거래 코치 일을 하면서 만난 고객 중 코칭의 효과가 아주 탁월했던 고객 중 한 명으로서, 처음에 나는 그가 내면의 소리에 귀 기울이는 법을 배우도록 도와주었다. 우리가 여기

---

* retracement: 주가가 추세 혹은 파동을 그릴 때 나아가던 방향과 반대 방향으로 반작용이나 조정을 보이는 현상—옮긴이

서 다루고 있는 거래 방식으로 그를 이끈 것도 바로 내면의 소리였다. 내면의 소리를 따르는 데 어느 정도 경험이 쌓이고 나자, 그의 직관은 두 가지 방향으로 발달되었다. 언제 포지션으로 진입해야 하는지 직관적으로 알 수 있게 되었을 뿐만 아니라, 더욱 놀라운 것은 차트만 보고도 주가가 언제까지 원하는 방향으로 움직일지 알 수 있는 경지에 이르렀다. 이같이 대단한 직관 덕분에 그는 14년 동안 무려 5,100%의 수익률을 올릴 수 있었던 셈이다. 그는 2008년에 거래를 그만둘 때에도 오랜 기간 동안 엄청난 수익률을 기록하게 해준 내면의 소리에 똑같이 귀를 기울였다. 그가 공매도에 상당히 능하기는 했지만, 내면의 소리를 따라 거래의 세계를 벗어남으로써 돈을 많이 아낄 수 있었다는 생각이 들기도 한다.

이 책을 통해서 독자 여러분도 자신의 직관을 이 정도 수준까지 발달시킬 수 있다. 직관을 발달시키고 그것이 거래 심리에 어떻게 이득이 되는지 이해하는 일은 놀랍게도 대다수의 트레이더들이 무시하고 넘어가는 부분이다. 이들은 사실에 기초한 지식과 '작동하는' 컴퓨터화된 방법을 원한다. 그러나 30년 동안 거래 코치로서 일한 내 경험에 비추어 보면, 기계적인 거래 기법에만 의존해서는 훌륭한 트레이더가 될 수 없다. 직관은 전 세계적으로 가장 성공한 트레이더들이 공통으로 지니는 필수적인 자질이다. 이 책을 읽으면서 그 사실을 마음에 새겨두길 바란다.

| 서문 |

선(禪)과 부드러운 스트로크에 관하여

> "나는 자동차 경주를 당구 치듯이 배웠다. 공을 무작정 세게 치는 것은 아무런 도움도 되지않는다. 큐를 제대로 다룰 줄 알아야만 운전이 더욱 능숙해질 것이다."
> ─후안 마누엘 판지오(Juan Manuel Fangio)

내가 어렸을 때 우리 집 지하실에는 당구대가 하나 있었다. 그 덕분에 나는 어린 나이에 당구 치는 법을 배웠다. 친구들은 나만큼 연습할 기회가 자주 없었기 때문에 그들을 이기는 것은 식은 죽 먹기였다. 나는 심지어 당구 치는 법을 가르쳐주신 아버지마저도 이길 수 있었다. 아버지 역시 당구를 자주 치지는 않으셨기 때문이었다. 그래서 나는 우물 안 개구리처럼 내가 당구를 제법 잘 친다고 생각하게 되었다.

그러나 그것은 사실이 아니었다.
내가 집을 떠난 지 얼마 지나지 않아 아버지께서는 직장에서 가까운 동네 당구장에서 열리는 당구대회에 출전하기 시작하셨다. 내가 한 게임도 이기기 힘들 만큼 아버지의 실력이 일취월장하는 데에는 그리 오랜 시간이 걸리지 않았다. 아버지를 제법 자주 이기던 시절은 온데간데없이 나는 완전히 참패하고 말았다. 내가 생각했던 만큼 당구 치는 법을 알지는 못하는 게 분명했다.

그로부터 몇 년이 흐른 뒤, 나는 내가 세운 소프트웨어 회사를 떠나게 되었다. 자유 시간이 훨씬 많아지자 나는 훌륭한 당구 선수가 되는 법을 배우기로 결심했다. 아버지처럼 나도 당시 살던 곳에서 가까운 네바다 주 리노에서 매주 열리는 지역 당구대회에 참가하기로 했다.

리노는 당구에 대한 열정으로 가득한 도시이다. 전미당구협회 USPPA가 매년 아마추어 나인볼nine-ball 대회를 리노에서 개최할 정도이다. 해마다 미국의 정상급 선수들이 경기를 하기 위해 이 도시를 찾는다.

이처럼 대단한 선수들의 존재가 내가 대부분의 게임에서 패배했다는 사실과 일맥상통함은 아주 당연한 일이었다.

나는 에이트볼eight-ball 게임에 익숙했으며 가끔 스트레이트풀straight-pool 게임도 하기는 했지만, 대회에서는 대체로 나인볼을 선택했기 때문에 새로운 게임을 배워야 했다. 나인볼에서는 공을 순서대로 쳐서 포켓에 넣어야 하고, 9번 볼을 남보다 먼저 집어넣는 것이 목표다. 맨 처음 1번 볼을 치고, 그 다음에 2번 볼을 치고, 그리고 9번 볼에 이르기까지 순서대로 쳐 나간다. 9번 볼을 제일 먼저 포켓에 집어넣는 사람이 승자가 된다.

당구를 처음 치기 시작할 때는 볼을 포켓에 넣는 것이 목표라고 생각한다. 그래서 당구봉으로 볼을 겨냥하여 포켓에 집어넣는 일이 가장 큰 걱정거리다. 하지만, 경험이 좀 생기고 나면 몹시 어려운 샷이 아닌 이상 볼을 포켓에 넣는 일은 제법 쉬워진다. 이쯤 되면 게임의 관건은 볼 하나하나를 포켓에 넣는 것이 아니라 어려운 샷을 너무 많이 남겨두지 않는 것이라는 사실을 알게 된다. 이는 나인볼에 있어서 더욱 중요한데, 어느 시점에서든 볼을 한 개만 치게끔 허용되기 때문이다.

따라서 나인볼의 핵심은 큐볼이 목적구$^{target\ ball}$를 치고 나서 어디로 향하게 할지를 조정하는 일이다. 경기의 실제 목적은 볼을 포켓에 집어넣는 것이 아니다. 그 정도는 기본이다. 단순히 숫자가 적힌 목적구만 포켓에 떨어뜨릴 것이 아니라 다음에 칠 샷에 대비해 큐볼이 어디에 멈추도록 할지를 조절해야 한다. 그러기 위해서는 자신이 볼을 치는 방식이 큐볼의 방향을 어떻게 변화시키는지 알아야 하고, 샷을 조절하는 법을 배워야 한다. 이러한 기술을 습득하기 위해서는 많은 연습이 필요하다. 실력이 뛰어난 나인볼 선수는 샷 하나하나를 전혀 힘들이지 않고 구사한다. 다음 샷을 치기 쉬운 위치에 큐볼을 세워두기 때문이다.

당구에서 큐볼을 당구봉으로 치는 동작을 '스트로크^{stroke}'라고 부른다. 부드럽고 정확한 스트로크는 좋은 경기를 펼치는 데 필수적이다. 나는 실력이 출중한 선수들과 맞붙어 수백 차례 완패를 경험하면서 이 사실을 깨달았다. 스트로크가 부드러우면 당구봉은 똑바로 나아가고 볼은 겨냥한 곳으로 굴러간다. 만일 그렇지 못하다면 어디를 겨냥하든 별 차이가 없다. 스트로크가 부드러우면 볼이 어디로 향할지 예측 가능하다. 그러나 반대라면 볼의 방향을 예측할 수 없는 게 당연하다.

내 경우를 말하자면, 부드러운 스트로크를 구사하기 위해서는 샷에 대해 지나치게 생각하지 말아야 했다. 수백 시간 연습한 결과, 무엇을 어떻게 해야 하는지 대강 알게 되었다. 샷을 치기 전에 너무 오랫동안 고민하면 스트로크에 힘이 쓸데없이 많이 실려 샷이 조금씩 빗나가는 일이 비일비재했다. 물론 볼이 포켓으로 들어가는 경우도 있었지만, 그럴 때에도 큐볼이 다음 샷을 치기 어려운 위치에 놓이게 되는 경우가 많았다. 머리를 써서 샷을 치려고 할 때마다 스트로크를 제대로 구사하지 못했던 것이다.

시간이 흐르면서 나는 내 실력이 향상되는 기쁨을 맛보았다. 무엇을 해야 하는지 더 잘 알게 됐거나 샷을 치는 감각이 나아져서가 아니라, 생각하지 않고 볼을 치는 데 더 익숙해졌기 때문이었다. 나 자신의 직관을 믿는 방법을 터득한 셈이다.

직관을 신뢰하기 시작하자 내 플레이는 한층 더 일관성을 보이기 시작했다. 샷을 치기 전에 필요 이상으로 생각하지 않았고, 스트로크도 안정적으로 변해갔다. 부드러운 스트로크를 구사하는 법을 깨달은 것이다.

세월이 흐름에 따라 무언가에 대해 지나치게 많이 생각하는 태도가 다른 일을 할 때도 해가 된다는 사실을 깨달았다. 특히 트레이더들이 결정을 내릴 때 정보를 이성적으로 분석하는 과정에 너무 많이 집중한 나머지 오히려 판단이 마비되는 경우를 종종 보게 된다. 잠재된 가능성에 비해 실력 발휘를 제대로 하지 못하는 트레이더가 허다한 이유는 그들이 한쪽 뇌, 즉 분석하기 좋아하고 선형적 사고*를 하는 좌뇌만 사용하기 때문이다. 이들은 지적인 능력은 활용하면서도 직관은 활용하지 않는다.

많은 트레이더들이 이러한 방식으로 거래를 하는 이유는 직감적 본능과 직관을 믿는 방법을 배우지 못했기 때문이다.

전문가 수준으로 거래 실력을 끌어올리고 싶다면 지성과 직관 모두를 사용할 수 있도록 양쪽 뇌를 골고루 발달시켜야 한다. 내가 이런 생각을 처음 주장한 사람은 아니다. 전 세계적으로 유명한 많은 트레이더들이 나보다 앞서 이런 생각을 말해왔고, 그들의 주장은 옳았다.

거래 분석과 분석적인 사고를 위한 기술에 관한 책은 많지만, 거래에 요긴한 직관을 발달시키는 법에 관한 책은 부족한 실정이다. 따라서 나는 이 책을 집필하기로 마음 먹었다.

나는 『통찰력으로 승부하라』를 통해 독자 여러분들이 거래할

---

* linear mind: 상상력 등의 비선형적 사고와 대비되는 개념으로, 정보를 연속적으로 지각하는 것—옮긴이

때 두뇌 전체를 골고루 활용할 수 있도록 직관을 발달시키고 직감이 내린 판단을 신뢰하는 방법을 소개하고자 한다.

제1장

직감의 힘

TRADING FROM YOUR GUT

"직관적 사고는 하늘이 주신 신성한 선물이며 합리적 사고는
충실한 하인이다. 그러나 우리는 하인은 섬기고
선물은 등한시하는 사회를 만들었다."

―알베르트 아인슈타인(Albert Einstein)

1

The Power of
the Gut

현존하는 최고의 트레이더 중 한 명인 조지 소로스^{George Soros}는 직감을 이용해 거래한다. 소로스는 자신의 요통과 거래에 관한 결정 간에 상관관계가 있다는 사실을 여러 차례 언급한 바 있다. 자서전 격인 『소로스가 말하는 소로스^{Soros on Soros}』에서 그는 다음과 같이 말했다.

나는 동물적인 감각에 상당히 의지하는 편이다. 펀드 투자에 매진하던 시절에 나는 요통에 시달렸다. 바늘로 콕콕 찌르는 듯이 허리가 아파오면, 내 포트폴리오에서 무엇인가 잘못되었다는 신호로 받아들였다. 물론 통증이 문제를 정확하게 짚어내지는 못했다. 허리 아래쪽이 아프면 매도 포지션^{short position}에, 왼쪽 어깨가 아프면 통화 거래에 문제가 있다는 식으로 잘못된 점을 상세하게 짚어주지는 않으나, 요통은 내가 평상시라면 하지 않았을, 문제점을 찾아보도록 해 주었다.

트레이더들 중에는 '느낌'이나 직관에 의지하여 거래 결정을 내린다는 발상을 비웃는 사람들이 있을지 모른다. 이런 사람들은 트레이더는 항상 평정을 유지하며 정신을 집중하고, 다른 트레이더들이 감정에 휘둘려 결정을 내릴 때도 올바른 과정을 합리적으로 선택해야 한다고 생각한다. 이런 생각을 가진 사람들은 소로스가 거짓말을 하고 있거나 스스로를 속이고 있다고 여긴다. 이들은 직감적인 본능이 어떻게 도움이 될 수 있는지 전혀 알지 못한다. 그러나 성공한 트레이더들 중에는 이들과 의견을 달리하는 사람들이 많다. 과연 누구의 의견이 옳은 것일까? 두 가지 접근법 중 더 나은 방법이 있는 것일까?

만일 당신이 거래를 할 때 직감이나 직관이 전혀 필요하지 않다고 믿는 트레이더라면, 일단 마음을 열고 나의 이야기에 귀 기울여주기를 바란다. 나도 한때는 당신과 같은 트레이더였으니까 말이다. 터틀의 일원으로서, 나는 거래할 때 매우 체계적이고 논리적으로 접근해야 한다고 교육받았다. 그래서 감정 따위는 접어 두고 거래에 임해야 한다고 생각했다. 그 당시에는 직감을 활용하여 성공적으로 거래할 수 있다는 사실을 전혀 믿지 않았던 것이다.

하지만 내가 그 당시 미처 몰랐던 사실은 감정적인 거래와 직감을 통한 거래 간에는 커다란 차이가 있다는 것이었다. 감정적으로 거래를 한다는 것은 두려움이나 희망에 반응하는 것과 마찬가지이므로 감정이 우리의 결정을 완전히 무력화시킬 수도 있다. 그러나 직감을 활용한 거래는 그것과는 전혀 다르다. 이는 강력하고 효과적이면서도 완벽하게 합리적인 우뇌의 특별한 능력을 활용하는 방법으로, 어느 트레이더에게나 유용한 무기가 될 수 있다.

소로스나 나의 거래 멘토인 리처드 데니스Richard Dennis처럼 거래가 자연스럽게 몸에 배어있는 사람도 있다. 이들은 잘 발달된 직감 덕분에 거래에 타고난 재주가 있는 것처럼 보인다. 이러한 직감은 훈련과 올바른 경험을 통해 발달시킬 수 있다. 이 책을 통해 나는 여러분에게 전문가 수준의 직감을 거래에 이용할 수 있는 방법을 안내하고자 한다.

그러나 이에 앞서 내가 말하는 직관intuition과 직감gut instinct이 정확히 무엇을 의미하는지 자세하게 알아보자.

▎직관이란 무엇인가

2007년 11월 중순 다우존스지수가 1만 3,000선을 넘어서고 S&P500지수가 1,450포인트를 돌파했을 때, 나는 네바다 주 라스베이거스에서 트레이더 엑스포the Trader's Expo에 참석 중이었다. 이 엑스포는 미국에서 가장 큰 규모의 거래 관련 엑스포로, 서부 곳곳에서 많은 사람들이 참석하곤 한다. 나는 나의 첫 번째 거래 서적인 『터틀의 방식Way of the Turtle』 출판 기념으로 회의장에서 초청 연설을 하기로 되어 있었다.

회의장에 있는 동안 머니쇼닷컴MoneyShow.com 측의 녹화 스튜디오에서 인터뷰할 기회도 있었는데, 진행자는 나에게 지난 몇 주간의 시장 동향에 대해 어떻게 생각하느냐고 물었다. 평소의 나였다면 시장의 움직임을 예측하려 하지 않는다고 대답했을 것이다. 사람들에게 조언하는 것에 신물이 나 있었던 데다가 그렇게 하더라도 전후 상황을 고려하지 않는 한 그 조언이 별 도움이 되지 않음을 알았기 때문이었다.

하지만 그날은 달랐다. 나는 웬일인지 위험을 감수하기로 마음먹었고, 시청자들에게 주식투자에 매우 신중을 기하라고 권했던 것이다. 나는 평상시에 비해 시장이 커다란 하락세를 보일 확률이 높아 보인다고 충고했다. 꾸준한 수익을 올리던 긴 기간이 끝나가고 있으며, 그 마지막 순간에 좋은 기회를 맞게 될 거라고 이야기했다.

나중에 알게 됐지만, 내가 아주 적절한 타이밍에 충고를 한 셈이었다. 주식시장은 곧 하락세를 보이기 시작하여 이후로 16개월에 걸쳐 50% 이상의 가치를 잃었다.

내가 본능적으로 시장이 곧 하락하리라는 것을 눈치챌 수 있었다고 생각하는 사람이 있을지 모르겠다. 이는 일부만 사실이었다. 당시 나는 트레이더로서 지니고 있는 본능과 전혀 관계없는 아주 구체적인 근거로 인해 시장이 위험해 보인다고 생각했다. 직관은 '시장에 어떤 변화가 일어날지, 일어나지 않을지에 대해 얘기하지 말자'는 나의 오랜 규칙을 깨뜨렸다. 그저 이번에는 무엇인가 다르다는 느낌이 들었고, 걱정되는 부분을 말해야겠다고 마음먹었던 것이다.

물론 누군가가 나에게 시장 동향에 대한 의견을 시청자들과 공유하기로 결정한 이유가 무엇이었느냐고 묻는다면 몇 가지를 말할 수 있다. 하지만 그 이유들은 다소 꾸며낸 것일 수도 있다. 솔직히 말하자면, 내가 왜 시청자들에게 그런 말을 하게 되었는지 잘 모르겠다. 그냥 직감적으로 그런 생각이 들었고, 그 생각의 바탕에는 논리적으로 쉽게 설명할 수 없는 무언가가 있었다. 사실 시장의 움직임을 예측하는 것은 바보 같은 짓이므로, 내 뇌의 합리적인 부분에서는 조용히 있으라며 나를 말렸다. 어쨌든 머니쇼닷컴 웹사이트에 게시된 그 비디오 클립을 본 시청자들이 도움을 받았으면 하는 바람이다.

| 직감을 활용하라: 좌뇌와 우뇌의 비교

비교적 최근에 실시된 심리학 및 신경과학 분야의 연구 결과에 따르면, 인간의 직관은 실제로 강력하고 신속한 의사 결정의 토대로 작용할 수 있다고 한다. 인간의 뇌는 수천 개의 개별적인 정보를 바탕으로 여러 가지 결정을 거의 동시에 내릴 수 있는 능력을 지니고 있다. 이처럼 신속하게 이루어지는 병렬 처리parallel processing는 우뇌가 담당하는 영역이다. 경험이 많은 트레이더에게는 우뇌의 신속함이 매우 강력한 도구가 될 수 있지만, 불행하게도 경험이 많지 않은 트레이더에게는 훈련되지 않은 직감에 너무 많이 의존하는 것이 오히려 재앙을 불러올 우려가 있다. 그러므로 적절한 훈련이 매우 중요한 것이다.

분석, 선형적 사고, 배열, 구조를 파악하고자 하는 욕구 등은 모두 좌뇌가 담당하는 영역이다. 인간은 좌뇌를 이용하여 세상이 돌아가는 이치를 설명하고 그것에 질서를 부여하려고 애쓴다. 좌뇌로 정보를 분류하고, 이론화하고, 순서대로 정리하며 정보에 순위를 매긴다. 예를 들어, 말을 하면서 생각할 때 우리는 좌뇌를 사용한다. 다시 말해, '의식적으로' 무언가를 생각하고 있을 때는 좌뇌를 사용하고 있는 중이다.

이에 반해 우뇌는 전체적인 그림을 살펴보고, 그 그림의 각 부분들이 서로 어떤 공간 관계를 형성하고 있는지에 관심을 보인다. 우뇌는 사고 속도가 상당히 빠르며, 논리적인 근거를 바탕으로 추론하기보다는 직감하는 역할을 수행한다. 이유를 콕 집어서 말할 수는 없으나 어딘가 불편하거나 위험하다고 느낀 적이 있다면, 우뇌가 가진 직감이 그러한 느낌을 유발했기 때문이다. 우뇌는 패턴을 읽어내고 그러한 패턴이 큰 그림에서 어디쯤에 위치하는지 찾아내는 일에 매우 능숙할 뿐만 아니라, 좌뇌에 비해 훨씬 빠른 속도로 일을 처리한다.

그러나 이처럼 빠른 속도에는 대가가 따른다. 우뇌는 매우 짧은 시간 안에 결정을 내리고 위험을 감지하는 능력을 갖고 있지만, 그러한 결정이 어떤 근거에 기반한 것인지는 대체로 설명하지 못한다. 이러한 이유로 우뇌는 양쪽 뇌 중 분석적인 뇌, 즉 결정을 내릴 때마다 설명을 듣고 싶어하는 좌뇌와 부딪히는 경우가 많다.

우뇌가 어떻게 작용하는지 더 자세히 알아보기 위해서는 컴퓨터 신경망이 작동하는 원리에 대해 살펴볼 필요가 있다.

인공 지능: 컴퓨터 신경망

1970~80년대 컴퓨터공학 연구자들은 컴퓨터 소프트웨어를 통해 연결된 가상의 신경세포들을 이용하여 뇌의 기능을 재현하려는 시도 끝에 결국 최초로 인공 신경망을 개발하는 데 성공했다. 인공 신경망에 관한 연구가 계속됨에 따라 이 신기술이 패턴을 인식하는 데 탁월한 효과를 발휘한다는 사실이 밝혀졌다. 그러나 인공 신경망 역시 우뇌와 똑같은 약점을 지니고 있었다. 대단히 빠른 속도로 결론에 도달할 수는 있지만, 어떠한 가정에 기반하여 결론에 도달했는지 이해하기란 불가능했다.

우뇌는 인공 신경망과 상당히 유사한 방식으로 작동한다. 경험을 토대로 결론을 추정하지만, 이러한 결론에 이르기까지 그저 어떤 느낌이 들었다는 것 외에는 적절한 근거를 제시하지 못한다. 그렇다면 좌뇌는 설명을 원하는데 우뇌가 제대로 설명하지 못할 경우 양쪽 뇌 중 어느 뇌가 의사 결정 싸움에서 승리하게 될까?

대답은 그 사람의 성격에 달려 있다.

생각과 감정은 서로 공존할 수는 없는가

정신과 의사이자 선구적 심리학자인 칼 융Carl Jung은 서로 다른 세 가지 영역에서 사람의 성격을 평가하는 이론을 발전시켰다. 이 이론에 따르면 각각의 영역에서 사람의 성격은 양극단 사이에 있는 연속체 위의 어딘가에 위치해 있다. 이 중 하나는 생각과 감정 사이에 존재하는 연속체인데, 이 테스트에서 얻은 점수는 피험자가 결정을 내릴 때 좌뇌와 우뇌를 활용하는 비율이 어느 정도인지 가늠하게 해준다.

이사벨 브릭스 마이어스Isabel Briggs-Myers와 그녀의 어머니 캐서린 쿡 브릭스Katharine Cook Briggs는 융 박사의 이론을 한 단계 더 발전시켰다. 이들의 연구는 '마이어스-브릭스 성격 유형'이라는 이름으로 대중화됐다. 마이어스-브릭스 테스트에 등장하는 생각 축과 감정 축(일반적으로 'Thinking'에서 따온 T와 'Feeling'에서 따온 F로 표시함)은 종종 이성적, 감정적 의사 결정과 동일시된다. 좌뇌를 사용하여 결정을 내리는 사람들(T 집단)이 우뇌를 사용하여 결정을 내리는 사람들(F 집단)을 두고 이들이 특정한 결정을 내릴 때 그 이유를 정확하게 설명하지 못하는 것으로 보아 합리적이지 못하다고 생각하기도 한다.

대부분의 학교에서는 좌뇌를 발달시키고 훈련시키는 데 많은 노력을 기울인다. 수학, 과학, 읽기, 작문, 암기 과목 등은 모두 좌뇌를 활용하는 교과목이다. 이렇듯 한쪽으로 치우친 교육 방식은 예비 트레이더들이 좌뇌는 상대적으로 과도하게 발달하고 우뇌는 덜 발달한 상태가 되게 한다.

좌뇌의 분석력과 우뇌의 직관력 간의 균형은 이상적인 거래를 위한 필수불가결한 요소이므로, 트레이더는 훈련을 통해서라도 좌뇌와 우뇌간의 발달 격차를 줄여야만 한다. 어느 트레이더에게나 지배적인 뇌가 있기 마련이지만, 지배적이지 않은 뇌의 존재를 인식하는 것도 매우 중요하다. 특히 그 뇌가 우뇌일 경우에 더욱 그러하다.

| 재량적 트레이더와 시스템 트레이더의 차이

좌뇌와 우뇌의 대결이 거래에 미치는 영향을 조금 다른 각도에서 살펴보도록 하자. 즉, 재량(직감)에 기초한 접근법과 시스템(좌뇌)에 기초한 접근법 사이의 관념적인 대결이다. 거래의 세계는 제법 뚜렷하게 구분되는 두 그룹으로 나뉘어진다. 가장 큰 그룹은 거래를 예술로 간주하는 재량적discretionary 트레이더들로 구성되고, 이보다 더 작은 그룹은 특정한 규칙들을 이용하여 거래에 대한 결정을 내리는 시스템system 트레이더들로 구성된다.

트레이더들끼리 처음 만나면 서로에게 재량적 트레이더인지 시스템 트레이더인지 묻을 때가 종종 있다. 그런데 성공 트레이더에게서 흑백논리식의 대답이 나오는 경우는 매우 드물다. 일반적으로 거래 양식은 순전히 직관만을 활용하는 재량적 트레이더와 순전히 규칙에만 매달리는 시스템 트레이더 사이의 연속체 위에 놓여 있기 때문이다. 스스로를 재량적 트레이더라고 여기는 사람들 중에도 '느낌'이 좋을 때 주식을 사고파는 본능에 충실한 사람부터, 차트의 패턴과 수학적인 지표를 결합하여 오로지 특정한 조건이 성립될 때에만 거래하는 보다 체계적인 사람에 이르기까지 다양하기 때문이다. 이와 마찬가지로 스스로를 시스템 트레이더라고 여기는 사람 중에도 컴퓨터에 프로그램화 할 수 있을 만큼 구체적인 규칙들을 이용하는 사람부터, 느슨한 규칙들뿐만 아니라 특정한 패턴이나 시장 상황을 꿰뚫어보는 능력도 추가적으로 활용하는 사람에 이르기까지 다양하게 존재한다.

내로라하는 재량적 트레이더들은 직관으로 거래하는 우뇌 지배적인 성향을 지닌 경우가 많다. 이러한 성향은 하루 동안 일어나는 주가 변동을 통해 적은 수익을 창출하고자 하는 재량적 데이 트레이더day trader에게서 특히 두드러지게 나타난다. 이들에게 있어서 성공의 관건은 결정을 얼마나 빨리 내릴 수 있느냐에 달려 있다고 해도 과언이 아니다. 이들은 스스로에게 시장을 꿰뚫어보는 '재주' 또는 시장의 동향을 예측하는 '감感'이 있다고 설명할지도 모르겠다.

한편, 좌뇌 지배형 트레이더들은 자신들이 특정한 거래를 선택하는 이유를 분명하게 알고 있다. 이들에게는 대개 거래 전에 충족되어야 할 매우 구체적인 기준이 마련되어 있다. 반면에 거의 직관만을 활용하는 순수 우뇌 지배형 트레이더들은 특정한 거래를 성립시키는 데 있어 뚜렷하게 제시할 만한 근거가 없는 경우가 다반사다. 이들은 그저 거래하는 것이 옳다고 느낄 때 행동할 뿐이다. 이처럼 판단을 내릴 권한을 직관이나 직감에게 기꺼이 넘겨주는 행동이야말로 강경한 우뇌 지배형 트레이더들의 대표적인 특징이다.

시스템 트레이더들은 좌뇌 지배형인 경우가 대부분이다. 이들은 대체로 이성적이고 체계적인 과정을 거쳐 언제 거래할 것인지 결정한다. 또한 그들의 거래 기법이 과거에 얻었을지도 모르는 가상적인 결과를 알아보기 위해 과거의 자료를 토대로 컴퓨터를 이용해 왓이프* 분석을 실행하여 해당 기법을 연구하기도 한다. 이 과정은 **사후검증**backtesting이라고 알려져 있다. 좌뇌 지배형 트레이더들은 직감이나 직관에 의존하지 않고 규칙이나 전략을 통해 거래한다. 이들은 구체적 사건으로서 신호와 계기가 나타날 때 특정 거래를 시작할 시기라고 생각한다. 시스템 트레이더들은 사후검증과 과거 자료를 분석할 때 일찌감치 이러한 구체적인 기준을 세워둘 것이다.

| 두뇌 전체를 사용하여 거래하라

나의 첫 저서인 『터틀의 방식』에서 나는 거래에 대해 매우 합리적인 접근법을 취했다. 그래서 그 책을 읽은 독자들 중에는 내가 주로 좌뇌를 사용하는 거래 방식을 직관적인 우뇌를 사용하는 방식보다 더 높이 평가한다고 생각하는 사람들이 있을지도 모르겠다. 하지만 이는 잘못된 생각이다. 비록 터틀 시절에 체계적 접근법에 대하여 강조 받았지만, 나는 많은 양의 정보를 신속하게 처리하여 직관적인 결론을 내리는 우뇌의 능력을 높이 평가한다. 한마디로 말해 두 가지 접근법 모두 나름의 장점을 지니고 있다.

두뇌 전체를 사용하는 거래란 양쪽 뇌를 모두 사용함을 말하며, 이는 뇌의 기본적 사고 기능인 논리적인 추론과 직관적인 느

---

* what-if: 하나 혹은 여러 개의 변숫값을 달리할 때, 이러한 변화가 결과값 혹은 다른 변숫값에 미치는 영향을 분석하는 기법—옮긴이

낌, 그리고 인상 간의 균형을 맞추는 일이기도 하다. 좌뇌와 우뇌가 각각 지닌 기능을 어떤 비율로 조합하느냐 하는 문제는 트레이더가 어떤 유형의 거래 기법을 선택하느냐에 따라 달라진다. 초단타매매 시에는 우뇌에 의존하는 것이 유일한 현실적 방안인 경우가 많은데, 복잡한 분석을 수행할 시간이 충분하지 않기 때문이다. 이처럼 '스캘퍼*'라고 불리는 트레이더들은 주로 우뇌를 활용하여 거래한다. 이에 반해 보다 장기적인 관점에서 거래할 때는 분석할 시간이 충분할 뿐만 아니라 이에 필요한 과거 자료를 습득하는 일 또한 상대적으로 수월하기 때문에 장기 거래는 좌뇌 지배형 트레이더들에게 매우 적합하다. 포지션을 며칠 혹은 몇 주 간 보유하는 거래 기법을 스윙 트레이딩swing trading이라고 일컫는데, 이 기법이야말로 두뇌를 골고루 활용할 줄 아는 트레이더들에게 안성맞춤이다. 대체로 분석을 수행하는데 걸리는 시간은 충분하지만, 일반 트레이더가 구할 수 있는 데이터나 거래 도구로는 보다 장기적인 거래에 어울릴 만큼 완벽하게 체계적인 방식을 갖추기는 어렵다. 이러한 이유로 사실상 양쪽 뇌를 골고루 쓸 줄 알아야만 효과적인 스윙 트레이딩이 가능하다.

이 책을 통해 나는 재량적 트레이더들에게 어떻게 하면 직감과 직관을 더욱 향상시키고 시스템 트레이더들이 전통적으로 사

---

* scalper: 고작 몇 분 정도 되는 매우 짧은 시간 동안의 주가 변동을 통해 수익을 창출하고자 하는 트레이더—옮긴이

용하는 분석 도구를 활용할 수 있는지 보여줄 예정이다. 아울러 시스템 트레이더들에게는 재량적 트레이더들이 사용하는 여러 종류의 도구와 거래기법을 소개하고, 더 탄탄한 거래 기법을 개발할 수 있도록 도와줄 생각이다. 내가 거래할 때 사용하는 접근법이자 이 책에서 독자들과 공유하고자 하는 기본적인 이념은 바로 두뇌 전체를 사용하는 거래whole-brain trading이다.

| 마스터 트레이더가 되기 위한 전제 조건

마스터 트레이더가 되기 위해, 즉 직관적으로 옳은 결정을 내리기 위해서는 우선 올바른 경험을 충분히 쌓아야 한다. 이것이 바로 신참 의사와 간호사들이 집중 훈련과 감독을 받는 이유이다. 또한 소방관들이 화재 시뮬레이션을 통해 훈련하고, 항공기 조종사들이 비행 시뮬레이터에서 연습하는 이유이기도 하다 실제와 비슷한 상황에 지속적으로 노출되어 계속 연습하면 전문가들은 훗날 결정을 내릴 때 참고가 될 만한 경험들을 축적할 수 있다.

이는 트레이더들에게도 똑같이 적용된다. 가장 효과적인 거래 훈련은 바로 거래 그 자체이다. 거래를 통해 얻는 경험이 당신의 직관을 자연스레 훈련시킬 것이고, 시간이 지나면 당신 또한 달인이 될 수 있다. 그러나 거래자로서 실전에서 이를 배운다는 것이 쉬운 일이 아닐 수도 있다. 실수에는 대가가 따르기 때문이다. 거래의 세계에서 실수는 곧 돈을 잃는 것과 직결된다. 그렇지만 다행스럽게도 금전 손실의 위험을 감수하지 않고도 상당히 전문적인 수준까지 직관을 발달시킬 수 있다. 앞으로 나올 내용에서 이를 실현하기 위한 몇 가지 전략들을 소개하겠다.

  그러나 이러한 전략들을 다루기에 앞서 반드시 숙지해야 할 사항이 있다. 당신이 아직 제대로 된 훈련을 받지 못했다면 직감과 직관에 의존하는 것이 함정과 위험요소를 동반한다는 것을 이해하는 것이 중요하다. 초심자에게는 직감이 오히려 계좌에 타격을 입힐지도 모른다. 제2장에서 이 중요한 주제에 대하여 다루고자 한다.

제2장

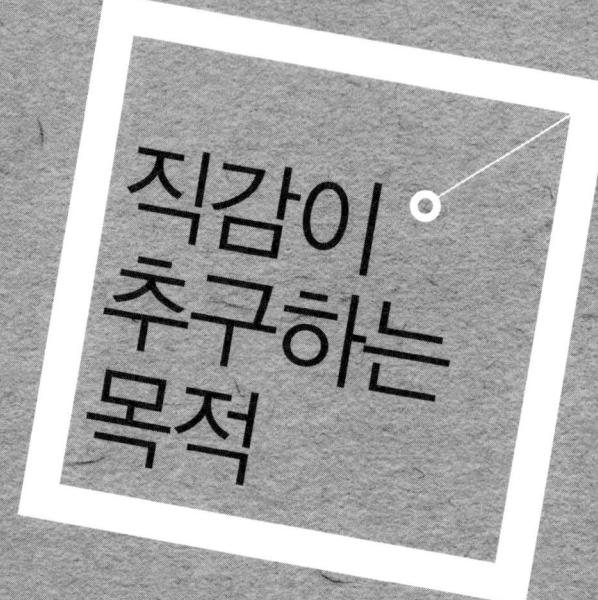

직감이
추구하는
목적

**TRADING
FROM YOUR
GUT**

"직관이 사고하는 뇌에게 다음에 어디를 봐야 하는지를 알려줄 것이다."

―**조나스 소크**(Jonas Salk)

2

The Purpose of
Gut Intuition

나와 함께 터틀 그룹에 속해 있었던 친구 중 한 명은 1950년 대 초 어린아이일 적에 소아마비를 앓은 이후로 여선히 부분적인 마비 증세에 시달리고 있다. 그 당시에는 아이들이 소아마비로 가장 많이 목숨을 잃었는데, 그나마 죽지 않고 살아남은 아이들은 마비 증세를 보였다.

과학이 치료법을 만들어주기를 모두가 열망하던 시절이었다. 1908년에 소아마비 바이러스를 발견하기는 했지만, 40년이 지나도 치료법을 찾지 못했다. 그런 까닭에 조나스 소크가 1955년 4월 12일에 전도유망한 치료법의 첫 임상실험 결과를 발표한 일은 매우 중대한 사건이었다. 게다가 그의 소아마비 백신은 효과도 좋고 강력했다.

소아마비를 연구하는 대부분의 다른 과학자들은 살아 있는 바이러스를 이용한 백신 개발에 몰두하고 있었으며, 죽은 바이러스가 효과 있을 거라고는 믿지 않았다. 그러나 오히려 임상시험 단계에서 살아 있는 바이러스를 이용한 백신이 위험한 것으로 드러났다. 예방 접종 병균에 피험자가 오히려 감염되었기 때문이다. 수차례의 임상시험 결과, 아이들이 사망하거나 마비 증세를 보였으므로 살아 있는 바이러스를 이용한 백신은 소아마비 바이러스 못지않게 위험한 것으로 판명되었다.

그렇다면 조나스 소크는 왜 다른 사람들과 달리 백신에 죽은 바이러스를 이용했을까? 이전에 한 번도 시도되지 않은 방법인데도 말이다. 그것은 바로 그의 직관에서 비롯되었는데, 무언가 이치에 맞지 않는다는 느낌 때문이었다.

그의 백신이 성공을 거두기 20여 년 전, 소크는 의과대학에 다니면서 훗날 자신에게 큰 영향을 미칠 두 개의 강의를 들었다. 50년이 넘는 시간이 흐른 뒤에도 내용을 기억할 정도로 그 강의는 소크의 머릿속에 선명하게 남아 있었다. 첫 번째 강의에서 그는 화학적으로 처리한 박테리아 또는 죽은 박테리아를 이용한 디프테리아나 파상풍에 대한 면역 과정에 대해 배웠다. 그리고 두 번째 강의에서는 인체가 바이러스에 의한 질병에 면역력을 갖기 위해서는 그 자체에 감염되어야 한다는 것을 배웠다. 담당 교수는 과학이 비활성 바이러스나 죽은 바이러스로는 면역을 유도할 수 없다고 했다.

소크는 직감적으로 무언가 잘못되었다는 것을 알았다. 죽은 박테리아의 독소로 인체가 면역력을 갖출 수 있다면 죽은 바이러스로도 똑같은 결과가 일어나야 마땅하다는 것이 그의 생각이었다. 그래서 20여 년이 지난 후 저명한 과학자들이 살아 있는 바이러스를 이용할 때 소크는 그 시절의 직감에 따라 비활성 바이러스를 이용한 소아마비 백신을 만드는 연구를 계속했다.

소크의 직관은 탁월했다. 그가 만든 백신이 효과를 나타냈던 것이다. 살아 있는 바이러스를 이용한 백신은 1962년이 되어서야 비로소 일반적인 사용이 안전하다는 평가를 받았다. 소크의 백신이 승인을 받은 지 무려 7년이나 흐른 뒤였다. 결국 그의 직관 덕분에 수십, 수백 내지는 수천만 명의 사람들이 소아마비에 걸리지 않을 수 있었다.

앞에 나온 경구에서도 언급했듯이 직감의 가장 중요한 목적은 잘못된 접근법으로 인해 시간을 낭비하지 않고, 중요한 일에 의식적이고 합리적인 생각을 집중하도록 만드는 것에 있다. 소크처럼 직감을 신뢰하는 법을 터득한다면 당신 역시 이와 같은 성공을 맛볼 수 있다. 하지만 조심할 필요가 있다.

| 초보 트레이더들이 알아야 할 직감의 위험성

직감과 직관이 전문가들에게는 성공에 이르게 하는 강력한 도구가 될 수 있을지 몰라도 그보다 경험이 적은 트레이더들에게는 오히려 위험이 될 수 있다. 한 가지 근거로, 초보자들은 아예 잘못되었거나 역효과를 가져올만한 어떤 편견과 성향을 지닌 채 종종 거래에 접근하기 때문이다. 예를 들어, 뉴스를 통해 얻은 정보에 너무 많은 가치를 부여하는 것을 들 수 있다. 이 같은 거래 습관은 오로지 뉴스를 보고 느끼는 직감에 의존하여 특정 주가의 향방을 추정하게 한다. 이러한 직관에 의한 판단의 문제점은 그 바탕이 되는 전제에 결함이 있다는 것인데, 뉴스가 시장을 움직이는 원천이 아니기 때문이다. 그래서 아주 복잡한 상황을 지나치게 단순화시키는 꼴이 된다.

이렇듯 뉴스에 나오는 정보를 분석하여 시장 가격의 변화를 예측할 수 있다는 잘못된 전제를 갖고 시작하는 트레이더들은 문제에 직면할 수밖에 없다. 직관을 이용한 잘못된 정보는 그릇된 결과를 가져오기 마련이다. 어느 상황이든지 결과는 그 기반에 의해 좌우되니 말이다.

경험이 적은 트레이더들은 대개 전문가가 알려주는 특정한 거래 방법에 의지한다. 거래하는 방법에 대해 전문가의 설명을 맹목적으로 따르는 경우가 대부분이다. 그런 방법들이 효과를 발휘하는 이유에 대해 생각하거나 투자 모델을 만들어보려는 노력 따위는 하지 않는다. 법칙의 정수精髓를 이해하려는 시도는 하지 않고 막연히 법칙이라는 문자 그 자체를 따른다. 이들은 특정한 투자 방법이 '왜' 필요한지가 아니라 '무엇' 인지에 대해서만 배우려고 한다. 이러한 접근이 갖는 문제점은 변화하는 시장에 적용할 수 없는 '고정된' 방법이라는 점이며, 직감이 파고들어갈 틈이 없다는 것 또한 문제가 된다.

가장 좋은 거래 방법은 뇌의 각 부분을 기능에 가장 적합하게 사용하는 것이다. 좌뇌는 거래의 세계가 어떻게 돌아가는지에 대한 모델을 만들고 그것을 이해하는 데 유용한 반면, 우뇌는 아이디어를 내거나 기회를 포착하는 데 능하다.

우뇌의 직관을 제대로 활용하기 위해서는 좌뇌가 적절한 정황을 반영하여 만든 다양한 거래 시나리오로 우뇌를 미리 준비시켜야 한다. 정황에 문제가 있다면 그에 따른 직관도 불완전해질 수밖에 없다.

이는 베테랑 트레이더들이 거래할 때 양쪽 두뇌를 골고루 사용하는 이유를 설명한다. 이들은 좌뇌가 이해하고 신중하게 추론, 분석한 내용을 바탕으로 분류한 패턴으로 우뇌를 준비시킨다. 분석을 통해 얻은 정보는 직관이 형성되는 과정을 뒷받침해주며, 트레이더들이 현명한 판단을 내리기에 충분한 여러 가지 모델을 제공함으로써 편파적이지 않게 판단하도록 돕는다. 분석적 사고는 직관을 '훈련' 하는데 필수적인 평가와 순위 매기기 기능도 담당한다.

| 당신의 뇌가 직감에 귀 기울이도록 만들어라

직관을 훈련하는 방법을 더 쉽게 이해하기 위해 인공 신경망을 발달시키는 과정을 살펴보고자 한다. 인공 신경망은 뇌의 신경세포들 간의 연관성을 모방하며, 컴퓨터 공학에서 인공 지능의 대들보 역할을 맡고 있다. 이것은 정보를 분류하고 패턴을 인식하는 데 매우 능하지만, 인간과 마찬가지로 역시 학습된 기술이다.

  패턴을 인식하기 위해서 인공 신경망은 우선적으로 훈련을 거쳐야 한다. 이 과정은 훈련이 끝난 후 인공 신경망이 인식하기 바라는 패턴들로 이루어진 표본 데이터를 신경망으로 보내는 것에서부터 출발한다. 주어진 패턴을 이해하는 데 필요한 지식은 훈련을 통해 인공 신경망에 반영된다.

  그렇다면 여기서 말하는 '지식'이란 정확히 무엇을 말하는 것일까? 특정한 가구가 의자인지, 등받이와 팔걸이가 없는 걸상stool인지를 가려낼 때 우리의 뇌가 거치는 사고 과정을 살펴보면 뇌가 지식을 어떻게 활용하는지 대충 알 수 있다. 의자와 걸상에 관해 우리가 갖고 있는 지식이 바로 이들을 구별할 때 이용하게 되는 정보다. 이 정보는 의자와 걸상이 공통적으로 지니고 있는 특징인 사람이 앉는 가구의 일종이라는 정보와 함께 두 가구 간의 차이점도 포함하고 있다. 의자는 보통 딸려 있는 책상에 맞춰 높이가 정해지고 등받이가 있는 경우가 대부분이다. 이에 반해 걸상은 등받이가 없고, 높이 있는 물건을 꺼내기 위해 밟고 올라가는 용도로 쓰일 때는 의자보다 높이가 낮은 편이며, 바에 앉는 용도로 쓰일 때는 의자보다 높이가 높다.

  지식은 신경망에서 특정한 분류 체계에 따라 분야별로(또는 택소노미*를 이용하여) 나뉜 여러 개의 이상화된 모델과 그 모델들 간의 관계로 구성되어 있다. '의자'라는 단어를 떠올릴 때 머릿속에 그려지는 그림이 이러한 모델의 예이다. 우리가 의자와 걸상을 구별하는 데 사용하는 정보는 뇌가 이상화된 의자와 걸상의 관계에 대해 갖고 있는 지식의 한 예시인 것이다.

신경망은 새로운 예를 접하면서, 또 이러한 예들이 각각 속해 있는 범주에서 지니는 계층적 가치에 노출되면서 '학습하게' 된다. 예를 들어, 의자가 열 개 그려진 그림을 신경망에 전달하고 그림에 있는 가구가 의자라고 알려준 다음, 걸상과 탁자를 이용하여 그와 똑같은 과정을 되풀이한다고 가정해보자. 이 과정은 신경망으로 하여금 이러한 예들을 대표할 수 있는 모델을 형성하게 한다. 훈련이 끝난 후, 신경망은 의자, 걸상, 탁자 간 차이에 관한 지식을 바탕으로 각각의 모델을 만들어내는 것이다.

택소노미는 분류 체계의 일종이다. 알파벳을 인식하는 인공 신경망을 만든다고 가정해보자. 한 범주에는 각각의 알파벳이 들어있을 것이고, 다른 범주에는 대문자 알파벳이, 또 다른 범주에는 소문자 알파벳이 들어있을 것이다. 예를 들어, 'A'라는 글자를 신경망에 전달할 때 이를 '알파벳 A'와 '알파벳 대문자'의 범주에 속한다고 분류할 것이다. 또, 글자 'c'를 전달하면 해당 정보가 '알파벳 c'와 '소문자 알파벳'에 속한다고 분류할 것이다. 완벽한 신경망은 새로운 정보가 어느 범주에 속하는지 알 수 있도록 각 범주가 지닌 필요조건에 대한 지식을 충분히 갖추고 있

---

* taxonomy: 가나다…, ABC…와 같이 전통적인 분류학에 기반을 둔 분류 체계―옮긴이

다. 어떤 정보가 특정한 범주 안에 속할 자격이 있는지 여부를 결정하는 데 필요한 지식이 바로 모델model이다.

'의자'라는 단어를 들었을 때 머릿속에 특정한 의자를 그리는 사람이 드물듯이, 신경망이 만들어내는 여러 개의 모델 역시 우리가 접해온 특정한 글자를 나타내지는 않는다. 대신 개별 글자의 이상화된 형태를 나타낸다고 이해하면 된다. 영어 알파벳 'S'를 예로 들어 설명해보자. 신경망에 저장되어 있는 'S'는 곡선으로 이루어진 'S'라는 글자의 이상화된 모델이다. 이는 우리가 알파벳 'S'를 머릿속에 떠올릴 때 보게 되는 이미지와 유사한 형태를 지닌다. 신경망이 임의의 글씨체로 쓰인 'S'를 알아보기 위해서는 신경망에 저장된 'S'에 대한 모델이 충분히 복잡해야만 'S'와 다른 알파벳을 구별해낼 수 있다. 그렇다고 모델이 너무 구체적이어서도 안 된다. 그럴 경우 캄브리아체Cambria로 쓴 **S**와 코믹 산스 엠에스 볼드체Comic Sans MS Bold의 **S**, 보도니 엠티 블랙체Bodoni MT Black의 **S**가 모두 같은 알파벳 'S'라는 사실을 알아차리지 못할 것이다. 신경망이 올바르게 기능하기 위해서는 해당 모델이 특정한 글자의 본질을 파악해낼 줄 알아야 한다.

이번에는 신경망이 숫자 '5'를 접하게 되었다고 가정해보자. 과연 신경망이 알파벳 'S'와 숫자 '5'를 구별할 수 있을 것인가? 이는 신경망에 내재된 모델의 정교함에 달려 있다. 모델이 숫자 '5'가 날카롭게 각이 진 윗부분과 부드러운 곡선의 아랫부분을 가지며, 알파벳 'S'는 위아래 모두 부드러운 곡선이라는 정보를 갖고 있다면, 'S'와 '5'를 제대로 구별하는 데 필요한 충분한 정보를 지녔다고 볼 수 있다.

신경망이 알파벳 'S'와 숫자 '5'를 제대로 구별하도록 훈련시키기 위해서는 이 두 가지 기호의 특징들이 담긴 여러 가지 예를 신경망에 전달하는 작업이 필요하다. 만일 신경망이 알파벳으로 구성된 예만 접해보고 숫자로 된 예는 접해보지 못했다면 'S'와 '5'를 구별해내지 못할 것이 분명하다. 훈련이 효과를 발휘하기 위해서는 다양한 예를 접할 수 있는 기회를 신경망에 제공해야 한다.

어떤 예를 신경망에 전달할지 따져보고, 각각의 예가 특정 모델에 어느 정도 맞아떨어지는지 결정하는 일은 좌뇌의 영역에 속한다. 좌뇌는 특정 문제의 복잡성을 분석하고 잠재적인 모델들을 평가하는 기능도 담당한다. 한 예로, 'S'와 '5'이 유사점을 분석하고 두 개의 기호를 구별하려면 최소 한 개 이상의 추가적 단계를 거쳐야 함을 알아차리는 것은 좌뇌의 몫이다. 이에 반해, 신경망의 패턴 인식 기능은 우뇌의 영역이다. 여러 가지 예를 이용하여 신경망에 적합한 환경을 만들고 신경망을 훈련시키고 나면, 우뇌는 자동적으로 패턴을 인식하고 분류하는 작업을 수행하게 된다. 컴퓨터에서든 인간의 뇌에서든 이 작업은 거의 즉각적으로 이루어진다.

좌뇌는 여러 종류의 패턴과 예를 살펴보고 추상적인 모델을 만들어내는 데 능하며 범주를 설정하고 선택하는 데도 능하다. 반면, 우뇌는 주어진 예가 특정 범주를 정의하는 모델에 적합한

| 그림 2.1 | 이중천장형 패턴

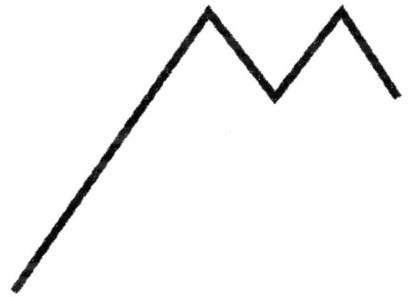

지 결정하고, 현상을 인식하는 데 탁월한 기능을 발휘한다. 한마디로 '좌뇌는 분석' 하고, '우뇌는 인식' 하는 역할을 담당한다.

| 두뇌를 골고루 활용하는 방법에 대한 학습

인간의 두뇌는 좌뇌와 우뇌가 번갈아 작용하며, 각각의 뇌에서 얻은 결과가 다른 뇌로 전송되어 서로의 기능에 도움을 준다. 이번에는 초보 트레이더들이 거래 패턴에 대해 어떻게 배우는지 살펴보도록 하자.

그림 2.1은 이중천장형 패턴double-top pattern의 모델에 완벽하게 부합하는 이상적인 형태를 나타낸다. 주가가 가파르게 상승했다가 하락한 뒤, 첫 번째 고점과 같은 지점까지 다시 상승한다. 이러한 그림이 바로 트레이더들이 이중천장형 패턴에 대해 생각할 때 머릿속에 떠올리게 되는 그림이다.

이번에는 그림 2.2를 살펴보자. 이 그림에 제시된 네 가지 예는 모두 이중천장형 패턴과 유사한 형태를 지니지만 중요한 부분에

| 그림 2.2 | 여러 종류의 잠재적인 이중천장형 패턴

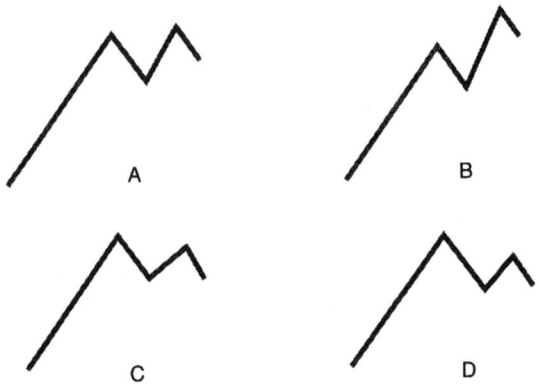

서 차이를 보인다. 그림 A와 B에서는 첫 번째 고점보다 두 번째 고점이 더 높고, C와 D에서는 두 번째 고점보다 첫 번째 고점이 더 높다.

이상적인 이중천장형 패턴만을 접한 트레이더라면 이 예들 가운데 어떤 경우가 이중천장형 패턴에 해당하는지 알아내기 어려울 것이다. 이중천장이 왜 중요한지, 주가 변동이 시장 참가자들의 심리에 미치는 영향이 무엇인지 이해하지 못하기 때문이다. 그러므로 모델에 딱 들어맞지 않는 주가 패턴이 나타날 경우 이러한 트레이더들은 해당 패턴이 이중천장형 패턴인지 아닌지를 결정하는 일에 곤혹감을 느낄 수 있다.

인공 신경망이 표본 데이터를 접하고 그 데이터의 범주를 나누는 연습을 통해 훈련되어야 하는 것처럼, 인간의 직관 또한 여러 가지 예시에 노출되고 그 예시들을 합리적인 기준에 의거해 분류해내는 연습을 통해 훈련되어야 한다. 머릿속에 저장된 예시들이 적절하고 그 분류 방법이 타당해야만 결과적으로 얻게 되는 직관적 분석 역시 타당할 수 있다. 예를 들면, 이중천장형 모델의 대표적인 특징이 무엇인지 분명하게 알지 못할 때는 훗날 비슷한 유형의 모델을 접하게 되더라도 우뇌가 직관적으로 이중천장형 패턴을 인식해내지 못할 것이다. 우뇌의 직관이 얼마나 뛰어난 기능을 발휘할 수 있는지는 받은 훈련에 의해 좌우된다. 컴퓨터와 달리 인간은 학습 효과를 얻기 위해서 좌뇌와 우뇌를 둘 다 이용해야 한다. 우뇌를 훈련시키는 데 이용되는 패턴들을 이해하기 위해서는 정보를 분류하고 분석해내는 좌뇌의 기능을 활용해야 한다. 좌뇌가 올바른 분석과 정신적인 틀을 마련해두고 나면 우뇌가 자신의 특기인 패턴 및 상황을 인식하는 능력을 발휘할 수 있을 것이다.

베테랑 트레이더들이 두뇌를 골고루 활용하여 거래할 때, 이들은 좌뇌의 분석 및 분류 능력과 우뇌의 직관력을 주기적으로 번갈아가며 이용한다. 최적의 학습법은 양쪽 뇌를 지속적으로 번갈아가며 사용하는 것이다. 트레이더들이 새로운 종목을 골라 주문을 넣어 거래 경험을 쌓았다고 가정해보자. 우뇌는 거래 성과와 시장 가격에 대한 패턴을 계속 인식하게 될 것이고, 이러한 패턴들은 트레이더들에게 여러 가지 질문을 던지게 된다. 따라서 이들은 해답을 얻기 위해 테스트나 분석, 선형적인 사고 등 좌뇌가 자신 있게 수행할 수 있는 작업을 시작한다. 작업이 이루어지는 동안 우뇌는 눈에 띄는 패턴을 알아차릴 기회를 여러 차례 맞이한다. 이 같은 느낌이 결국 의식의 표면까지 떠올라 특정한 패턴이 중요하다고 알리고 나면, 좌뇌는 이를 합리화하기 위해 노력한다. 만일 좌뇌가 마땅한 이성적인 근거를 찾지 못할 때 좌뇌 지배형 트레이더들은 이 느낌을 비합리적인 것으로 간주하고 무시해버린다. 이에 반해, 우뇌 지배형 트레이더들은 이 느낌에 더 많은 주의를 기울일 뿐 아니라 때에 따라서는 합리적이고 선형적인 명백한 근거가 없어도 느낌에 따라 행동하기도 한다.

우뇌가 우세한 트레이더들은 명백해 보이는 합리적인 이유가 없어도 느낌에 의지해 행동을 취할 의향이 있기 때문에 더 창의적일 수 있으며, 실제로 더 기발한 아이디어를 생각해내기도 한다. 이는 거래에 대해 조사할 때, 특히 특정한 거래 아이디어를 채택할 만한 근거가 사전에 분명해 보이지 않을 때 큰 도움이 된다. 해당 아이디어가 결국에는 유용할 것이라는 느낌이 우뇌 지배형 트레이더들로 하여금 좌뇌가 거래에 대한 아이디어를 승인할 때 수행하는, 지루할 수도 있는 냉정한 분석을 실행할만한 충분한 의지를 심어준다.

그러나 경험이 미숙한 트레이더들은 우뇌가 올바른 거래 원칙들을 숙지할 수 있을 만큼 충분히 훈련되지 않았기 때문에 잘못된 원칙을 바탕으로 한 느낌에 따라 행동했다가 타격을 입기도 한다. 초보 트레이더들은 올바른 판단을 내리는 데 필요한 원자재를 우뇌에 아직 충분히 공급하지 못한 상태이므로 이들의 직감은 틀리는 경우가 많다.

┃ 직감을 갈고 닦는 것의 중요성

초보 트레이더들의 직감이 틀리는 경우가 많은 이유 중 하나는 사고할 때 지름길을 택하는 인간의 선천적 특성 때문이다. 우리 조상들은 스스로에게 이로운 특성들을 진화시켜 우리에게 물려주었다. 안타깝게도 원시 사회에서는 인간에게 큰 도움이 되었을 그러한 특성들이 트레이더들에게는 전혀 득이 되지 않을 때가 많다. 이렇듯 인간이 태어날 당시에 뇌에 이미 입력되어 있는 지름길들은 휴리스틱스heuristics라고 일컬어진다. 흔히 나타나는 몇 개의 휴리스틱스는 인지적 편견*이라고 불리는데, 이는 트레이더들이 판단을 내릴 때 체계적인 오류systematic error를 범하도록 만든다. 하지만 올바른 훈련을 통하여 이러한 편향을 극복하는 법을 배울 수 있으므로 염려하지 않아도 된다.

터틀 멤버로서 적은 금액이 들어 있는 거래용 계좌를 받았던 프로그램 첫 달에, 나는 거래에 관계된 판단을 내릴 때 체계적인 오류를 극복하는 것이 왜 중요한지 배웠다. 나는 성공적인 거래를 위한 가장 핵심적인 요소들이 훈련을 통해 배운 거래 정신 발휘하기, 눈에 띄는 기회 포착하기, 리스크 관리하기, 감정적인 측면에서 제대로 거래하기 등의 활동을 얼마나 잘해내는가에 있음을 직관적으로 알게 되었다. 대부분의 다른 터틀들은 우리의 목

---

* cognitive bias: 현실을 지각하는 방법상의 오류 또는 왜곡 현상―옮긴이

표가 한 달 동안 최대의 수익을 창출하는 것, 즉 거래 계좌의 잔액을 최대치로 늘리는 것이라고 생각했다.

내 직감은 그것이 목표가 아니라고 말했다. 우리의 기준을 충족시키는 거래가 눈에 띌 때면 나는 리스크가 커 보이더라도 개의치 않고 거래를 성립시켰다. 수익을 올리는 것 자체보다는 나만의 방식대로 거래를 야무지게 이루는 데 더 관심을 두었다. 시간이 지나고 나서 돌이켜보니 직관을 따른 것은 탁월한 결정이었다. 내가 선택했던 보일러 등유 거래는 처음에 어찌나 위험성이 커 보였던지 여러 터틀들이 관심을 두지 않고 그냥 지나쳤을 정도였다. 당시에 이들은 '손실 회피*'라고 불리는 성향을 드러내었으나, 나는 이들과 달리 주저하지 않고 매수 주문을 넣었다. 리스크의 정도에 관계없이 주문을 내는 것이 옳은 일이라는 사실을 직관을 통해 알 수 있었기 때문이었다. 결국 이 거래는 대단히 성공적인 것으로 판명이 났고, 이 거래가 터틀 프로그램 내내 가장 중요한 거래였을지도 모르겠다는 생각을 하기도 했다. 첫 달의 성적 덕분에 내가 다른 터틀들을 제치고 가장 많은 액수가 들어있는 거래 계좌를 부여받았기 때문이다. 나는 프로그램이 진행된 4년 내내 이 특권을 계속 이어갈 수 있었다.

내가 그 거래를 선택하게 된 것은 지력이나 좌뇌의 능력 때문이 아니었다. 터틀 멤버들은 누구 할 것 없이 하나같이 다 똑똑했

---

* loss aversion: 이익을 얻기보다는 손실을 회피하는 것을 더 선호하는 경향—옮긴이

다. 터틀이라면 한 명도 빠짐없이 그 보일러 등유 거래가 우리의 시장 진입 조건에 부합한다는 사실을 충분히 알고 있었을 것이다. 나와 다른 터틀들 간의 차이점이 있었다면, 그것은 바로 직관이었다. 그들과 달리 나는 나의 직감을 신뢰했던 것이다.

제3장

'잘못된 뇌'를 활용한 사고(思考)

TRADING FROM YOUR GUT

"스스로의 실수를 시인해야 하는 것보다
더 견디기 힘든 일은 아무것도 없다."

―**루트비히 판 베토벤**(Ludwig van Beethoven)

3

Wrong-Brain
Thinking

나는 고등학교 3학년 시절 내 고용주로부터 처음으로 거래에 관해 배우게 되었다. 그 일은 컴퓨터 프로그래머라는 나의 첫 직업이자, 육체기 아닌 정신노동을 할 수 있었던 최초의 작업이었다.

나의 첫 임무는 상사인 조지가 애플 II 컴퓨터용으로 작성한 컴퓨터 코드를 해석하는 일이었다. 나는 베이직 컴퓨터 언어의 애플 버전을 상대적으로 신제품이었던 라디오 섁Radio Shack TRS-80 컴퓨터용 버전으로 해석하는 일을 맡았다. 시간을 들여 코드화 작업을 꼼꼼하게 진행하면서도 처음에는 그 코드가 어떤 역할을 하는지 별로 신경 쓰지 않았다. 그러나 시간이 좀 흐르고 나자, 내가 해석하는 코드가 플로피 디스크 안에 특수한 포맷으로 저장된 여러 개의 파일로부터 정보를 읽어낸다는 사실을 알게 되었다. 파일에는 옥수수, 밀, 금, 은과 같은 상품의 가격이 저장되어 있었고, 그 코드는 수학적인 계산을 거쳐 상품 계약 거래를 시뮬레이션하는 역할을 담당하고 있었다.

 코드 해석 작업을 끝낸 후, 나는 더 흥미로운 일을 맡게 되었다. 1980년 당시 새롭게 발간되었던 찰스 파텔Charles Patel의 명저 『상품과 주식을 위한 기술적인 거래 시스템Technical Trading Systems for Commodities and Stocks』을 위해 새로운 거래 알고리즘을 프로그래밍하는 일이었다. 이것이 바로 내가 시스템 거래의 세계에 발을 들여놓는 계기가 되었다. 나는 거래 시스템이라는 발상 자체가 마음에 들었다. 시장에서 수익을 창출하는 과학적인 접근이라고 생각했기 때문이다. 그러나 거래 시스템이 너무 효과적으로 보이기 때문에 석연찮은 느낌을 떨치기 어려웠다. '그렇게 쉬울 리가 없잖아'라는 생각이 머릿속을 떠나지 않았다. 내 직관은 부분적으로는 옳았다. 우리가 시험했던 대부분의 시스템은 아무 효과 없이 한 푼의 수익도 올리지 못했던 것이다. 그러나 내가 직장에서 실행했던 테스트 프로그램에 의하면 일부 시스템은 제법 좋은 성과를 보인 것으로 드러나기도 했다.

 내가 거래 시스템에 쓰일 코드를 프로그래밍하기 시작할 즈음, 조지가 에드윈 르페브르Edwin Lefevre의 명저 『어느 주식투자자의 회상Reminiscences of a Stock Operator』을 빌려주었다. 그 책은 전설적인 투기자 제시 리버모어Jesse Livermore에 대해 처음으로 접할 수 있는 계기를 제공했다. 나는 르페브르가 들려주는 이야기에 완전히 매료되었고, 이내 트레이더가 되고 싶다고 결심했다. 나를 진정으로 사로잡은 대목은 리버모어가 거래를 하는 사람들의 본성이 변하지 않기 때문에 시장에서 수익을 창출하는 일이 가능하다고 주장하는 부분이었다. 그는 "거래의 세계는 변하지 않는다. 인간의 본성도 마찬가지다"라고 했다. 인간의 본성이 무리를 지어 상호작용하는 방식 덕분에 거래에서 돈을 벌 수 있다는 발상을 나는 이 책을 통해 처음으로 접할 수 있었다.

조지는 나에게 커다란 영향을 끼친 다른 책들도 빌려주었다. 찰스 맥케이Charles Mackay의 1841년도 명저 『대중의 미망과 광기 Extraordinary Popular Delusions and the Madness of Crowds』와 구스타브 르 봉Gustav Le Bon의 1895년도 명저 『군중심리The Crowd: A Study of the Popular Mind』가 바로 그 주인공들이었다. 이러한 책들을 접하면서 일부 거래 시스템 혹은 알고리즘 전략이 효과를 보이는 듯한 이유가 무엇인지 생각해보았다. 그 결과 이러한 방법들이 오랜 시간에 걸쳐 일관성 있게 나타나는 인간의 본성에 기초한 반복적인 시장 가격 패턴에 의지하기 때문이라는 생각이 들었다.

심리학을 공부하고 나니 이러한 생각이 더욱 뚜렷해졌다. 나는 트레이더들이 집단적으로 취하는 행동이 어떻게 반복적인 방식으로 주가에 영향을 미치는지에 대해 배웠다. 반복적으로 나타나는 주가 패턴을 이해하기 위해서는 우선 대부분의 트레이더들이 돈을 잃는 이유가 뭔지 알아야 한다. 즉, 대다수의 트레이더들이 보이는 행동 양식을 이해해야 한다는 것이다.

베테랑 트레이더가 지켜야 할 십계명 중 한 가지는, 거래를 통해 돈을 벌고 싶다면 대다수 다른 트레이더들과 똑같은 '행동을 취해서는' 안 되고, 그들의 행동을 '이해하기만' 해야 한다는 것이다. 많은 트레이더들이 우뇌를 사용하지 않고 '잘못된' 뇌를 사용한다. 이 장에서는 대부분의 트레이더들이 돈을 잃는 이유와, '잘못된 뇌를 활용하는 사고wrong-brain thinking'가 무엇을 의미하는지 살펴보기로 하자.

| 뇌 과학에 대한 기본적 이해

신경 심리학을 통해 인간은 생존과 번식을 위한 여러 가지 성향을 타고났다는 사실이 밝혀졌다. 이러한 성향 혹은 본능은 우리가 선천적으로 알고 있는 생활 지침과 유사한 방식으로 기능하며, 필요 시에 뇌가 이를 적절하게 이용한다. 이처럼 선천적으로 타고나는 생활 지침들을 **인지적 편견**cognitive biases이라고도 부르는데, 이 같은 편향이 잘못된 사고 과정을 부추긴다고 주장하는 사람들도 있다. 그러나 이는 사실이 아니다. 인지적 편견은 아주 유용한 경우가 대부분이다. 하지만 거래나 금융과 관련된 몇몇 특정한 시나리오에서는 인지적 편견이 오히려 방해가 될 수도 있다.

베테랑 트레이더가 되기 위해서는 거래와 관련된 일부 특수한 상황에서 인지적 편견이 나타나지 않도록 직관을 재훈련시킬 필요가 있다. 아울러 **군중심리**herdthink에 휩쓸리지 않도록 인지적 편견에 대한 이해를 갖출 필요성도 있다. 인지적 편견을 다루는 법을 터득하게 되면 적절한 행동방침을 선택할 수 있는데 즉, 군중의 행동을 미리 예측하고 그와 반대로 행동하거나, 군중이 공황 상태에 빠져 있는 동안 위험 여지가 있는 행동을 취하지 않은 채 상황을 차분하게 지켜볼 수도 있다.

이어지는 내용에서는 선천적으로 타고나는 생활 지침들과 편견에 대해 부분적으로 살펴보고 각각의 지침이 촉발하는 구체적인 거래 행위에 대해 알아보도록 하겠다.

| 총알을 피하라: 도망가는 자는 살아남아서 하루를 더 싸울 수 있다

인간이 불필요한 위험을 회피하려는 본능은 이루 말할 수 없을 만큼 강하다. 이는 위험하고 불확실한 환경에서도 반드시 살아남기 위함이다. 과거에 악어나 사자 혹은 다른 맹수에게 잡아먹히는 위험을 감수할 것인가를 결정할 때, 인간은 위험 부담을 최소한으로 줄여야 했다. 사람들은 대체로 나중에 후회하느니 지금 안전한 편이 낫다고 생각한다. 안전한 속도로 차를 몰고, 건강에 좋은 식품을 섭취하고, 꾸준한 운동을 통해 체력을 유지하고, 자동차에 유아용 좌석을 설치하는 등 불필요한 위험을 피하려고 노력한다면 기대수명이 높아지는 것으로 보상받게 된다.

그러나 거래의 세계에서는 리스크를 감수하지 않으면 고수는커녕 좋은 트레이더조차 되기 어렵다. 트레이더는 늘 위험 부담을 안고 거래하며, 이는 아주 간단한 이치이다. 베테랑 트레이더들은 그 어떤 잠재적인 거래에서든 리스크를 중요하고도 필수적인 요소로 여긴다. 이들은 대부분의 사람들이 리스크가 큰 까닭에 엄두도 내지 못하는 거래야말로 최고의 거래라는 사실을 잘 알고 있다. 감히 시도하지 못한다는 자체가 다른 트레이더들이 그 거래에 뛰어들 가능성을 낮춰준다. 비슷한 포지션을 취하는 트레이더의 수가 적을 경우 그 이후에 나타나는 주가 변동을 통해 수익을 올리기가 훨씬 수월해진다.

| 뉴스와 소음 중 의미 있는 정보만 골라 들어라

인간의 뇌는 힘을 아끼고 저장 공간을 비축하기 위해 지름길을 택한다. 가장 흔하면서도 인간에게 유용한 본능 가운데 하나는, 복잡한 그림에서 몇 개의 특정 포인트에만 중점을 두고 나머지 세부사항은 무시하는 지름길을 택하는 것인데, 뇌의 감각-지각 시스템이 이러한 기능을 수행하도록 설계되어 있다. 인간에게는 세 종류의 기억이 있다.

그 첫 번째는 **감각 기억**sensory memory으로서, 1,000분의 1초에서 수 초 사이의 아주 짧은 시간 동안만 정보를 저장하는 특징을 지니고 있다. 감각 기억은 감각 기관을 통해 얻은 정보를 저장해두었다가 지각 시스템에 전달한다. 지각 시스템은 수 초에서 수 분 동안 정보를 저장하는 **작동 기억**working memory을 이용하여 인지 시스템이 처리해야 하는 정보를 분류하고 걸러낸다. 인지 시스템은 자각과 주의를 의미하며, 이것은 지각 시스템으로부터 정보를 전달받아 무의미한 정보는 버리고, 핵심적인 정보 혹은 나중에 유용할 것으로 판단되는 정보를 **참조 기억**reference memory에 넘긴다. 참조 기억은 수 시간, 수 일 혹은 수년씩 정보를 저장해둘 수 있다. 우리의 시각적인 지각 시스템은 눈으로 보고 얻은 정보를 처리한 다음 대부분의 것들을 폐기 처분한다. 이 가운데 주목할 만한 상像들은 작동 기억에 저장되는데, 여기에는 특별히 흥미롭다거나 신기한 것, 스스로에게 해가 될 수 있을 만한 것, 식량을 확보하거나 짝짓기를 할 기회를 제공하는 것, 사회적 지위에 영향을 끼칠 만한 것 등이 해당된다. 생존과 생식 능력에 직간접적으로 영향을 미칠 만한 상들이 작동 기억에 저장되는 셈이다.

만일 감각계에 과부하가 걸리면 이는 곧 마비되어 수신하는 신호를 무시하기 시작한다. 이것이 바로 24시간 내내 진행되는 주식 관련 뉴스 채널이 트레이더들에게 심한 악영향을 끼칠 수 있는 이유 중 하나이다. 너무 많은 정보가 존재할 뿐만 아니라 그중 상당수가 무의미한 탓이다. 주식과 관련된 뉴스 프로그램은 매일 무엇인가를 보도할 수밖에 없기 때문에 의미 있는 현상이 전혀 나타나지 않았을 때에도 마치 주목할 만한 일이 생긴 것처럼 시청자들의 귀를 솔깃하게 만든다. 시장의 등락폭이 아무런 의미를 지니지 않았을 때조차 뉴스 프로그램은 그러한 현상에 대한 이유를 만들어내어 그럴 듯한 이야기를 제공한다.

지각 시스템은 보통의 것과는 달리 눈에 띄는 것을 찾아내도록 설계되어 있다. 그런데 뉴스 채널을 너무 오랫동안 청취하거나 블로그나 트위터에 올라오는 글을 읽는 데 너무 많은 시간을 들이다 보면 잡음과 잡음이 아닌 것을 구별해내는 능력을 잃어버리게 될 수 있다. 시장이 우리의 관심을 끌 만한 움직임을 전혀 보이지 않는 경우가 대부분이라는 사실을 기억해야 한다.

우리의 지각은 일반적으로 잡음 속에서 시그널을 구별해내는 데 능하다. 이러한 능력을 잘 보여주는 재미있는 예로, 우리가 칵테일 파티에 참석하거나 레스토랑에서 여러 명의 사람들과 큰 테이블에 앉아 있을 때 다른 잡음은 다 걸러내고 하나의 대화에 집중할 수 있는 경우를 들 수 있다. 과학적인 연구 결과에 따르면, 집중해서 들으려는 대화의 내용이 실제보다 더 크게 들리는 것처럼 인식되는 것으로 밝혀졌다. 무려 세 배 이상 크게 들리는 경우도 있다고 하니 참으로 흥미로운 사실이 아닐 수 없다.

그러나 주변이 너무 시끄러우면 지각 시스템이 여러 가지 대화 중에서 듣고자 하는 대화를 가려내지 못하게 되어 집중하기가 어려워진다. 소음이 감각계를 지나치게 자극하여 효율성을 떨어뜨리게 되는 것이다. 시장을 너무 가까이서 관찰하거나 주식 뉴스를 끊임없이 시청하거나 혹은 시장이 보이는 미미한 움직임에 집착하는 등 지각 시스템을 지나치게 자극하면 똑같은 일이 벌어지고 만다. 베테랑 트레이더들은 중요한 소리에 귀를 기울이고 소음이나 잡음은 무시하는 법을 배웠다. 뇌에 지나치게 자극을 가하지 않도록 훈련한다면, 우리의 뇌는 자연적으로 이 작업을 손쉽게 수행해낼 수 있다.

무엇인가 의미 있는 현상이 발생할 때까지 기다리기 지루하다면, 시장만 뚫어져라 쳐다보기보다는 그동안 다른 일을 하고 있는 편이 낫다. 거래는 분명 흥미진진할 때도 있지만, 단순한 흥미

거리가 아니며 그렇게 다뤄져서도 안 된다.

경우에 따라서는 아무것도 하지 않고 인내심을 보이는 것이 올바른 행동일 때가 있다. 제시 리버모어가 했던 유명한 말처럼 말이다. "시장이 트레이더들을 제압하는 것이 아니라 그들 스스로가 자멸하는 것이다. 많은 트레이더들이 뇌를 버젓이 갖고 있으면서도 가만히 자리를 지키지 못하기 때문이다."

| 심리적 관성을 이해하면 최적의 투자 시점이 보인다

인터넷 버블이 절정에 달하던 시절 나는 실리콘 밸리Silicon Valley에서 일하고 있었다. 주식시장에 활기가 넘치던 당시 나를 깜짝 놀라게 했던 것은 거의 모든 사람들이 좋은 시절이 영영 끝나지 않을 것이라고 믿는 태도에 있었다. 내 친구들은 대부분 주식투자에 과하다 싶을 만큼 돈을 쏟아 붓고 있었고, 여윳돈을 거의 남겨두지 않은 채 거래하기도 했다. 그들은 인터넷이 금융계에 변화를 가져왔다고 믿었으며, 주식시장은 앞으로도 계속 상승세만 탈 것이라고 예상했다. 나는 사람들이 이와 비슷한 예상을 하는 광경을 2006년과 2007년, 부동산과 주식시장에서 본 기억이 있다. 대다수가 강세장이 영원히 지속될 것으로 내다봤다. 이번에는 어떤 이유로 상황이 평상시와 다르고, 주가가 왜 계속 상승할 수밖에 없는지에 대해 의견을 퍼붓는 사람들이 허다했다. 나는 그런 의견에 동조하지 않았다. 경험을 통해 버블이나 시장이 붕괴하는 모습을 숱하게 봐왔기 때문이었다. 나는 사람들이, 특히 대중이 변화를 가장 예상하지 못할 시점에 시장은 변화를 보이는 경향이 있다는 사실을 잘 알고 있었다. 2008년 여름 이후에 있었던 일련의 사건들이 이를 입증해준다.

　베테랑 트레이더들은 항상 자신들의 의견과 관점을 바꿀 준비가 되어 있다. 이들은 스스로가 왜 옳은지 증명하려고 하기보다는 자신들이 틀렸을지도 모르는 이유를 찾기 위해 끊임없이 노력한다. 베테랑 트레이더들은 심리적 관성mental inertia의 영향 범위에 들어 있지 않다.

　심리적인 관성은 새롭게 얻은 지식은 나중을 위해 아껴두어야 한다는 선천적 생활 지침에서 비롯된다. 사람은 의견을 한 번 형성하고 나면 특정한 자극이 있어야만 그 의견을 수정하게 된다. 처음에 형성한 의견이 강하면 강할수록 의견을 바꾸는 데 필요한 자극도 강해질 수밖에 없다. 따라서 매수 주문을 내기에 시장 상황이 충분히 좋지 않다는 판단이 들면 그 의견을 바꾸기까지는 상당한 자극이 있어야 한다. 이와 반대로 트레이더가 매수에 나서기로 마음먹었다면 행동방침을 바꾸어 시장을 빠져나가기까지는 상당한 추진력을 필요로 한다.

　심리적인 관성은 행동을 개시하는 데 요구되는 단호함과 그러한 결정을 내리는 데 요구되는 의견의 세기 사이에 존재하는 불일치에서 기인한다. 우리의 뇌는 결정을 내리기 전에 충분한 양의 데이터를 확보하기 원한다. 만일 그만큼의 정보를 얻은 경우라면 결정을 번복하기까지는 훨씬 더 많은 양의 데이터를 필요로 한다.

개인 트레이더와 투자자들이 지니는 심리적 관성은 시장이 무거운 물체와 비슷하게 움직이도록 만드는 원인이 된다. 평평한 길에서 정지해 있는 자동차를 밀어 본 경험이 있는가? 처음에는 자동차가 움직이게끔 하는 데 아주 많은 힘이 든다. 그러다가 자동차가 제법 빠른 속도로 움직이기 시작하면 그 다음부터는 차를 멈추기가 매우 어려워진다. 이러한 어려움의 원인은 차를 밀어야 할 때는 대개 엔진이 꺼진 상태이므로 동력 브레이크가 작동하지 않는 경우가 많기 때문이다. 마찬가지로 대부분의 시장 참가자들은 시장에 중요한 변화가 나타나더라도 너무 늦게 대처하고 만다. 기회가 나타났을 때 시장에 너무 늦게 진입하는 경향이 있으며, 기회가 사라졌을 때 시장에서 퇴장하는 속도 역시 느리다. 심지어 견해나 생각이 틀렸더라도 이를 포기하려 하지 않는다. 특정한 종목이 어떤 이유로든 상승세를 타고 있다는 생각이 들면, 주가가 떨어지더라도 그러한 생각을 버리지 않을 가능성이 높다. 해당 주식을 매수하고 나서 주가가 하락하기 시작하더라도 이들은 스스로가 여전히 옳은 선택을 했다고 믿을 것이다. 자신이 원하는 방향과 시장이 정반대로 흘러가고 있다는 압도적인 증거를 확보하게 되더라도 말이다.

베테랑 트레이더들은 심리적 관성이 시장의 모멘텀이 발생하는 주원인 가운데 하나라는 사실을 알고 있다. 이러한 관성 때문에 시장 진입에 가장 좋은 시점은 대다수 트레이더들이 진입하기 바로 직전이며, 시장에서 빠져나가기 가장 좋은 시점은 트레이더들이 빠져나가기 바로 직전이라는 사실 또한 잘 안다. 시장의 관성과 시장 참가자들의 심리적 관성을 이해하기 때문에, 이들은 다른 사람들이 눈치채기 직전에 시장이 외부에서 작용하는 힘에 이미 반응하기 시작했다는 조짐을 찾는다.

베테랑 트레이더들은 또한 리스크 대비 보상이 제법 괜찮은 기회를 제공하는 거래를 통해 시장에 진입할 시점을 찾으려 노력하며, 시장 참가자들의 심리적 관성이 모델의 일부로 포함된 평가 체계를 이용하여 이 같은 결정을 내린다.

｜이익이 아닌 손실의 관점에서 수익을 지켜라

손해보지 않으려는 인간의 본능은 보다 전통적인 관점에서 생각해볼 때 이해하기가 쉽다. 곡물, 소, 양, 주거지 등의 소유물을 획득하는 데 노력이 따르는 만큼 소유물을 안전하게 지키고 보호하고 싶어하는 것이 당연하다. 초보 트레이더들은 자연적으로 손실을 회피하려는 경향이 있다. 그것이 바로 이들이 **확률이 높은 전략**에 초점을 맞추는 주된 요인 중 하나이다. 이들은 손실이 나는 거래보다는 이익이 나는 거래의 수가 더 많기를 바라기 때문에 시장이 나아갈 방향을 예측하려고 애쓴다.

앞서 언급했듯이 나는 시장이 어느 방향으로 나아갈지 의견을 제시하기를 꺼리는 편이다. 시장의 향후 동향을 예측하기보다는 시장이 현재 어떤 움직임을 보이고 있으며, 그것이 무엇을 의미하는지에 초점을 맞춘다. 향후 동향을 예측하는 데 따르는 문제점은 시장과 타이밍이 맞지 않을 수 있다는 점이다. 설령 시장을 올바르게 예측했다 하더라도 시장이 예상 도달 지점에 이르는 데까지 시간이 오래 걸려 큰돈을 잃을 염려도 있다. 이에 반해 시장이 현재 어떤 움직임을 보이고 있는지, 또 과거에 어떤 움직임을 보였는지 이해한다면 시장이 큰 폭의 움직임을 보일 때 스스로에게 유리한 매매 시점을 간파할 수 있다. 거래에 나서는 것과 시장을 예측하는 것은 결코 같은 의미가 아니다. 베테랑 트레이더들은 과거 시장의 움직임을 기반으로 이익이 날 것으로 여겨지는 종목보다는 손실이 적게 날 것으로 예상되는 종목을 거래하는 경향이 있다. 이들에게는 옳은 결정을 얼마나 자주 내렸는지가 중요한 것이 아니라, 시간이 흐르면서 얼마나 많은 수익을 올리게 되는지가 더 중요하다.

초보 트레이더들이 이와 관련하여 겪는 문제는, 손해나는 거래를 나쁜 거래라고 인식하는 점이다. 이는 미래에 벌어질 일을 예측하고자 하는 욕구와 맞물려 있다. 이들의 뇌에는 손해를 보는 것은 나쁘고 이익을 내는 것은 좋다는 인식이 프로그래밍되어 있는 셈이다. 물론 이러한 평가가 여러 건의 거래나 장기 거래에 관해 이야기할 때는 분명 맞는 말이지만, 단기 거래에 관해 이야기할 때는 틀린 전제이다. 베테랑 트레이더들은 금전적인 손해가 주식 거래를 하는 데 있어 어쩔 수 없이 뒤따르는 손실이라는 것과, 대부분의 트레이더들이 쉽게 드러낼 수 없거나 심리적으로 감당하기 어려운 행동에 시장이 보상을 해줄 때가 많다는 사실 또한 알고 있다. 실행에 옮기기 어려운 거래 전략이 쉬운 전략보다 수익을 훨씬 많이 올릴 확률이 높은 것도 바로 이 때문이다.

초보 트레이더들은 실행에 옮기기 쉬운 전략, 특히 누가 봐도 손쉽게 이해할 수 있는 전략을 선택하는 편이다. 그 결과, 이러한 전략들은 짧은 기간 동안에만 효과를 발휘하는 경향이 있다. 더 많은 수의 트레이더가 동일한 전략을 따르기 시작할 때쯤이면, 이미 이 전략의 '약발'은 떨어져버리고 만다. 따라서 주식 거래에서의 손실을 회피하려는 욕구가 자칫 잘못하면 커다란 약점으로 작용할 수도 있다.

베테랑 트레이더들은 보유 중인 포지션 중에서 수익을 올리는 포지션이 차지하는 비율이 전체적으로 벌어들이게 되는 돈의 액수만큼 중요하지는 않다는 사실을 알고 있다. 이익을 많이 낸 몇 건의 거래만으로도 적은 손실을 입은 여러 건의 거래를 쉽게 상쇄할 수 있기 때문이다. 그러므로 베테랑 트레이더들은 여러 차례 작은 손실을 입더라도 몇 안 되는 큰 수익을 올릴 수 있는 거래 전략을 찾으려고 노력한다.

우리가 터틀 시절에 사용했던 장기적인 추세 추종 거래 방식은 이러한 거래 전략의 한 예이다. 언젠가 내가 1년 동안 200% 이상의 수익률을 기록한 적이 있었는데, 당시에 이익이 난 거래는 고작 10~12건 정도였고 손해를 본 거래는 무려 45~50건이나 되었다. 대신 이익은 제법 큰 규모로 났으며(5%, 20%, 40% 혹은 그 이상의 수익률), 손해를 본 경우는 전부 작은 규모의 거래였다(0.5%의 손실률). 만일 누군가가 시장의 움직임을 예측하려 애쓰고 있었다면, 나와는 반대로 거래하는 편이 나았을지도 모르겠다.

많은 베테랑 트레이더들은 '손해를 보는 것은 항상 나쁘다'는 발상을 손실이 나는 거래는 일찍 매도하고 이익이 나는 거래는 수익을 계속 올릴 수 있도록 보유하는 전략으로 대체하는 법을 터득했다. 손실도 거래의 일부라는 사실을 기억하자. 성공적인 거래를 위해서는 돈을 잃을지도 모른다는 생각에 익숙해져야 한다.

손해를 보지 않으려는 인간의 본능이 트레이더들과 다른 시장 참가자들(스스로를 보수적인 투자자 정도로 여기는 사람들)에게 방해가 될 수 있는 또 다른 경우는, 손실이 점점 커지고 있음에도 현실을 직시하지 않으려는 경향을 보일 때다. 많은 시장 참가자들이 주식을 팔기 전까지는 진짜 손해를 보는 것이 아니라고 착각하며 손실이 커지는 광경을 마냥 지켜본다. 그리고 시장이 다시 상승세가 되어 자신들이 손해를 봤다는 기록이 남지 않기를 바란다. 행태재무학behavioral finance에서는 이러한 성향을 일컬어 **손실 회피** loss aversion 또는 **매몰 비용의 오류**sunk cost fallacy라고 부른다.

이러한 트레이더와 투자자들은 손실이 끝없이 커지는 것을 지켜보다 지칠 때쯤 되면 절망에 빠져버린다. 절망적인 시기는 하필 최악의 순간, 즉 다른 사람들도 공황 상태에 빠져 주식을 정신없이 팔아 치우기 시작할 때쯤 찾아온다. 이러한 행동은 주가 폭락으로 인한 약세장이 나타나는 요인으로 작용하는 경우가 많다. 처음에는 주가가 떨어지더라도 많은 사람들이 현실을 무시한다. 그러다가 주가가 더 이상 무시하지 못할 만큼 큰 폭으로 하락하면 이내 공황 상태에 빠져 주가를 더욱 더 떨어뜨린다. 이는 시장 참가자들을 더욱 깊은 공황으로 몰아넣는 도화선으로 작용한다.

베테랑 트레이더들은 손해를 보게 되더라도 크게 상관하지 않기 때문에 손실이 나기 시작한 거래가 더 큰 손해를 입힐 때까지 가만히 앉아서 지켜보지는 않는다. 이들은 손실의 규모가 아직 적을 때 재빨리 시장에서 빠져나가며, 그것이 나쁜 결정이라고 생각하지 않는다. 손실이 나는 거래도 거래의 일부라는 사실을 알기 때문이다.

터틀 시절에 처음으로 거래 계좌를 부여 받았을 때, 우리는 두 가지 손절매stop-loss 방식 중에서 한 가지를 선택할 수 있었다. 더 보편적인 방식은 특정 상품의 손절가를 평균 거래 범위의 두 배로 책정하는 것이었고, 또 다른 방식은 휩소whipsaw라고 불리는 방식이었다. 리처드 데니스는 휩소가 효과는 더 뛰어나지만, 손실을 입는 거래의 수가 훨씬 많은 만큼 수행하는 데 어려움이 더 따른다고 일러주었다. 손해를 보는 횟수가 증가함에 따라, 시장이 반대 방향을 향해 되돌아갈 경우 재진입해야 할지도 모른다는 것이었다. 예를 들어, 금을 400달러에 샀는데 일일 평균 거래 범위가 10달러라면 일반적인 청산 방식을 적용할 경우 380달러에 손실제한 주문을 내면 된다. 그러나 휩소를 적용할 경우 주가가 395달러로 하락할 때 시장에서 빠져나가게 된다. 만일 주가가 390달러까지 떨어졌다가 방향을 바꿔 신고가를 형성한다면, 휩소 기법을 사용한 터틀의 경우 자신들의 손절가stop price였던 395달러에서 시장을 빠져나갔다가 얼마 지나지 않아 시장에 재진입하게 되는 것이다.

나는 휩소를 이용하는 것이 더 어려울 줄 알면서도 그 기법을 고수했다. 데니스의 사후검증 분석 결과 이 전략이 가장 효과가 뛰어나다는 것이 입증되었으므로 이에 따라 거래하고 싶었기 때문이다. 이는 곧 휩소를 이용하지 않는 다른 터틀들에 비해 내가 보유한 포지션 중 손실이 나는 포지션이 차지하는 비율이 더 크다는 의미였다. 이는 또한 나의 평균손실액이 동료 터틀들보다 낮다는 것을 의미하기도 했다. 시간이 흐름에 따라 나는 내가 선택한 전략의 수익성이 더 높다는 생각을 했다. 해마다 조금씩 다르기는 했지만 다른 터틀들보다 연평균 15~30% 이상의 수익률을 기록했기 때문이다.

| 처음에 성공하지 못했다고 좌절할 필요는 없다

앞서 살펴본 여러 종류의 본능보다 인간의 뇌가 더 강하게 드러내는 본능이 있다면, 그것은 바로 끈기이다. 고난과 장애에 직면하게 되더라도 인내심을 가져야 한다. 끈질기다 싶을 만큼 인내심을 발휘하면 반드시 성과가 있게 마련이다. 끈기는 우리가 어려운 목표와 위업을 달성할 수 있도록 도와준다. 인간의 뇌가 역경에 맞서 끈기를 발휘하도록 설계되어 있지 않았더라면 대부분의 과학적인 발견은 이루어지지 않았을지도 모른다.

트레이더에게 끈기란 없어서는 안 될 특성이지만 자칫 잘못하면 문제가 될 소지가 있다. 끈기가 있는 트레이더들은 불가피하게 손실을 입거나, 계좌의 잔액이 줄어들거나, 혹은 시장이 비우

호적인 움직임을 보이는 등 어려운 시기가 닥치더라도 견뎌낼 수 있다. 그렇지만 끈기는 트레이더들이 효과가 없는 거래 기법을 고수하거나 진작에 청산했어야 할 포지션을 계속 보유하게 만드는 부작용을 낳기도 한다. 이와 같은 행동은 심리적인 관성과 복합적으로 나타나기 때문에 더욱 더 문제시된다. 트레이더들은 특정한 이유로 거래에 나서게 되는데, 그 이유가 더 이상 존재하지 않아 시장에서 퇴장할 때가 되었더라도 심리적 관성으로 인해 이를 보지 못하게 되는 경우도 있다. 이들은 목표를 달성하기 위해서는 손실이 커지는 것을 감수할 수밖에 없다고 스스로를 위안하며 시장에서 끈질기게 버티는 것이다.

베테랑 트레이더들은 손실이 지속적으로 나는 상황을 지켜보지 않고 재빨리 행동을 취해야 한다는 사실을 경험을 통해 배운다. 수익을 올리겠다는 장기적인 목표를 세웠을 때 끈기는 매우 중요한 역할을 하지만, 특정한 거래에서 지나치게 끈기 있는 모습을 보였다가는 자칫 잘못하면 득보다 실이 많을 우려가 있다.

| 강한 의견을 약하게 피력하는 투자의 지혜

많은 트레이더들에게 문제가 되는 행동 중 한 가지는 사전에 결정한 사항을 뒷받침할 근거를 찾으려는 욕구와 이와는 모순되는 근거를 간과하려는 성향이다. 행태재무학에서는 이를 **확증편향**confirmation bias이라고 일컫는다. 트레이더들은 희망 사항에 관심을 두기보다는 현실에 주목할 필요가 있다. 이를 위한 가장 좋은 방법은 결정한 사항에 의도적으로 이의를 제기하여 그 생각이나 결정이 잘못되었을 가능성이 있는 부분을 찾아 수정하는 것이다.

최근 몇 년 간 접했던 가장 흥미로운 개념 중 하나는, 지혜란 '강한 의견을 약하게 피력할 수 있는 능력' 이라는 것이다. 내가 가장 좋아하는 금융 블로거 배리 리톨즈Barry Ritholz는 거래와 투자에도 이 개념이 적용될 수 있다는 내용의 글을 통해 이 개념을 나에게 처음으로 소개해준 장본인이다. 이 개념은 기업이 미래에 관한 결정을 내리는 일을 돕는 비영리 단체인 팰러 앨토 미래 연구센터Palo Alto Institute for the Future의 폴 사포Paul Saffo가 처음으로 제시했다. 사포는 미래를 예측할 때 뒤따르는 불확실성에 이 개념을 적용했다. 이러한 발상은 거래와 같이 고도의 불확실성이 존재하는 어느 분야에서나 상당히 가치 있게 작용할 수 있다.

약한 의견은 거래에 부정적인 영향을 미친다. 베테랑 트레이더들은 단호한 면이 있다. 돈을 벌려면 가만히 있지 말고 거래에 나서야 한다. 이를 실현하기 위해 시장 동향에 대한 모델을 개발하고, 그 모델들을 테스트하여 실전에서 거래에 관련된 결정을 내릴 때 활용해야 한다. 중대한 거래 결정을 내리기 위해서는 시장 동향에 대해 강한 의견을 갖고 있어야 한다. 많은 사람들이 방아쇠를 당기는 것을 어려워하는데, 약한 의견을 갖고 있는 경우 이 일이 더욱 어렵게 여겨질 수밖에 없다.

의견이 강한 것은 좋지만 그렇다고 해서 이를 강하게 피력하라는 말이 아니다. 전문적인 트레이더들은 자신들의 생각에 오류가 있을지도 모른다는 가정 하에 그런 생각을 뒷받침해줄 만한 이유를 끊임없이 찾아 나선다. 일단 포지션에 진입하고 나면, 해당 포지션을 계속 보유해야 하는 이유에 관심을 두기보다는 포지션을 청산할 때가 되었다는 것을 알리는 시장의 시그널에 더 많은 주의를 기울여야 한다. 속담에도 등장하듯이 우리는 마치 옳은 것처럼 말하고 행동해야 하며, 틀린 것처럼 살피고 귀 기울여야 한다. 불확실성이 큰 환경에 처해 있을 경우, 본래 지니고 있던 생각이 틀렸을지도 모른다는 사실을 알려줄 만한 조짐이 나타나지는 않는지 항상 예의 주시할 필요가 있다. 이는 어느 정도의 겸손함과 솔직함을 요한다.

| 좋은 결정에도 불구하고 나쁜 결과를 얻을 수 있다

인간의 본능 중에서 트레이더들에게 가장 악영향을 끼치는 본능은 결과를 가지고 결정의 질을 판단하는 성향일 것이다. 인간의 뇌는 발생할 확률이 적은 결과를 처리하도록 설계되어 있지 않다. 그러나 손실도 거래의 일부이므로 트레이더들은 이런 결과에 자주 직면하기 마련이다. 따라서 초보 트레이더들은 손해를 보고 나서 "이 거래는 하는 게 아니었어"라고 후회하게 되는 경우가 빈번하게 발생한다. 행태재무학에서는 이러한 성향을 **결과 편향**outcome bias이라고 부른다.

베테랑 트레이더들은 어떤 거래든 실패할 위험이 있다는 사실을 잘 알고 있다. 훌륭한 거래 기법을 적용하더라도 손실을 입는 경우가 많다는 사실 또한 알고 있다. 따라서 이들은 결과 편향의 굴레에서 벗어나는 방법을 터득한다. 특정 거래의 결과에 초점을 맞추기보다는 그 거래를 성립시키기로 한 결정의 질에 초점을 맞추는 것이다.

우뇌 지배형 트레이더들은 이 부분에서 더 유리할 수 있다. 우뇌는 자연적으로 큰 그림에 초점을 맞추기 마련이다. 나무 한 그루 한 그루가 아닌 숲 전체를 보는 것이다. 다수의 주식 거래를 한꺼번에 살펴볼 때는 이러한 접근법을 취하는 것이 올바른 방법이다. 큰 그림, 즉 다수의 거래가 거래에 미치는 영향은 중요하지만, 개별적인 나무들은 숲 전체에 기여하는 방식 이외에는 별다른 의미를 갖지 못한다.

좌뇌 지배형 트레이더들은 우뇌를 쓰는 트레이더들에 비해 이러한 성향을 드러내게끔 본능을 재훈련시키는 일을 어렵게 여길 것이다. 이들은 본성상 모든 거래를 개별적으로 다루며, 해당 거래가 좋았는지 나빴는지를 논리적으로 평가하기 때문이다. 개별적인 주식 거래는 좋다고도 나쁘다고도 말할 수 없으므로 트레이더들이 이런 종류의 평가를 내리는 것은 사실상 불가능하다. 트레이더들이 오직 집단적으로 모여 있을 때에만 어떤 식으로든 평가를 내리는 일이 가능해진다. 그런 경우에도 평가는 거래 자체를 두고 하는 것이 아니라 그러한 거래를 낳은 거래 전략을 두고 하는 것이다.

| 두뇌의 최신 편향을 극복하라

뇌의 지각 시스템은 이전에 저장한 데이터보다 최근 데이터를 더 중시하는 경향이 있다. 행태재무학은 이러한 경향을 **최신 편**

향recency bias이라고 일컫는데, 이는 시간과 관련된 본능이다. 거래에서는 차트상에서 볼 수 있는 몇 가지 특정한 패턴이 바로 이러한 성향으로 인해 발생한다. (다음 장에서 이 주제에 대해 보다 심도 있게 다룰 예정이다.)

가장 최근의 주가가 실제로 중요한 경우도 있기는 하지만, 다른 데이터는 전부 제쳐두고 가장 최근에 얻은 정보에만 집중하는 것은 시장 참가자들에게 문제를 가져올 수 있다. 이러한 성향은 심리적 관성의 영향을 확대시킬 가능성이 높은데, 이는 주가가 눈에 띄게 상승하더라도 많은 트레이더들이 그 상승세를 무시하도록 만들 것이다. 그리고 곧 트레이더들이 매수에 나서는 것을 꺼리는 현상으로 이어질 수 있다. 최근의 가격 책정에 초점을 맞춤으로써 이들은 최근의 주가에 비해 새로 형성된 주가가 '높다'고 여기게 될 것이다.

많은 트레이더들, 특히 초보 트레이더들은 주가가 상대적으로 높을 때에는 매수에 나서기를 꺼린다. 이들은 주가가 '낮을' 때 사서 '높을' 때 팔기를 원한다. 베테랑 트레이더들은 거래할 때 해당 주식의 최근 동향을 살펴보기는 하지만 뚜렷한 근거 없이 그에 많은 무게를 두지는 않기 때문에 다른 트레이더들이 보기에 주가가 높더라도 매수에 나서기를 주저하지 않으며, 남들이 주가가 낮다고 여기더라도 매도에 나서는 데 거리낌이 없다. 이들은 주가의 최근 동향에 지나치게 신경 쓰는 것이 다른 트레이더들로 하여금 기회를 놓치거나 시장이 커다란 변화를 보일 때 한 박자 늦게 반응하도록 한다는 것을 알고 있다.

| 군중심리에 기초한 편승 효과의 위험성

인간의 뇌가 사고할 때 지름길을 택하는 경우 중 한 가지는 남들이 하는 대로 따라 하는 편이 혼자 다르게 행동하는 편보다 안전하다고 믿을 때이다. 인간은 사회적 동물이므로 사회라는 틀 안에서 다른 사람들의 행동을 보고 배운다. 이러한 성향은 정신적인 지름길의 하나로서 뇌의 수고를 상당히 덜어준다. 작은 부족이나 무리에서는 다른 구성원을 따라 하는 것이 이치에 맞는 행동이다. 타인의 행동이 새롭게 배우는 대부분의 것의 기초로 작용하기 때문이다. 다시 말해 인간은 타인의 행동을 본보기 삼아 새로운 것을 배우는 셈이다. 예를 들어 남들이 먹는 음식을 따라 먹음으로써 어떤 음식이 먹기에 안전한지 배우게 되는 것이다. 인간은 이와 같은 방식을 통해 문화를 익히고 각자 선호하는 것이 무엇인지 알아낸다.

마케팅 담당자들은 특정 제품에 대한 수요를 증가시키기 위해 이러한 성향을 이용하는데, 소비자들이 유명인사들을 모방하려는 심리를 잘 알고 있기 때문이다. 유명인사들의 상품 홍보가 효과적인 이유가 바로 여기에 있다. 그들이 모는 차종이 우리와는 상관없어야 논리적이겠지만, 소비자들은 자동차를 구입할 때 어쩔 수 없이 그 정보에 영향을 받게 된다.

이러한 경향을 금융 용어로 **편승 효과**便乘效果, bandwagon effect라고 부른다. 편승 효과는 이러한 효과가 시장에 어떤 영향을 미치는지 제대로 알지 못하는 트레이더들에게는 커다란 문제가 될 우려가 있다. 한 시장에 너무 많은 수의 트레이더들이 진입하게 되면 버블과 버블 붕괴 현상이 나타난다. 2000년 주식시장의 버블, 2003년과 2007년의 부동산 버블, 2007년과 2008년의 석유 및 원자재 버블은 하나같이 너무 많은 수의 트레이더들이 동시에 똑같은 행동을 보였기 때문에 발생했다.

베테랑 트레이더들은 남들이 거래를 한다는 이유만으로 그대로 따라 하지는 않는다. 이들에게는 자신들만의 이유가 존재하며, 버블이 형성되기 전에 시장에 진입하여 위험의 조짐이 조금이라도 보이면 곧바로 빠져나간다. 반면, 군중심리에 휘둘리는 트레이더들은 시장이 상승세를 보인지 한참이나 지나서야 버블에 합류하며, 다른 트레이더들이 시장을 빠져나간 후 즉, 버블이 터지고 수익이 다 사라지고 나서야 시장에서 빠져나간다.

베테랑 트레이더가 되고 싶다면 매매에 나서는 자신만의 이유를 만들 줄 알아야 하며, '다른 사람들이 하니까 나도 한다' 는 사고방식에서 벗어날 필요가 있다. 생각과 정신의 독립이야말로 베테랑 트레이더의 자질 중 하나이다.

다음 장에서는 여기서 간단하게 다룬 바 있는 시장 참가자들이 집단적으로 보이는 본능적인 행동이 어떠한 방식으로 반복적인 시장 현상을 불러일으키는지 소개하도록 하겠다.

제4장

시장의 구조

TRADING FROM YOUR GUT

"자연의 기본적인 원리를 발견하는 데는 그 어떠한 논리적인 방법도
존재하지 않는다. 사물의 겉모습 뒤에 존재하는
질서에 대한 감(感)의 도움을 받는 직관만이 존재할 뿐이다."

―**알베르트 아인슈타인**(Albert Einstein)

4

The Structure of
the Markets

나는 전혀 예상하지 못했을 때 특정 분야에 대해 새로운 것을 배우게 되는 경험을 종종 하곤 한다. 가끔은 전혀 다른 일을 하나가 그린 경험을 하게 되는 때도 있는데, 체스가 바로 그런 경우에 속한다.

터틀 시절, 특히 11명의 다른 터틀들과 거래일마다 한 방에서 거래를 하던 프로그램 첫해에 대한 가장 선명한 기억 하나가 있다. 저마다 출신 배경이 다른, 그렇게나 여러 명의 똑똑한 사람들에게 둘러싸여 있다는 사실이 놀라웠다. 우리는 각자 탁월한 솜씨를 보이는 분야가 한두 개씩 있었다.

마이크 카발로Mike Cavallo라는 터틀은 체스 실력이 아주 뛰어났다. 어찌나 재주가 좋던지 체스판을 보지 않고도 나를 손쉽게 이길 정도였다. 나는 결코 체스 고수는 아니었지만 그래도 제법 괜찮은 실력을 지녔다고 자부했던 만큼, 누군가가 체스를 두면서 나를 꺾을 수 있다는 사실이 나를 겸손하게 만들었다. 나는 카발로가 어떻게 나를 그렇게 쉽게 누르면서 체스판 위의 말들을 계속 파악할 수 있는지 궁금했다.

나는 늘 관심사가 다양했고, 항상 새롭게 배우고 싶은 분야가 있었다. 도전하고 싶은 일을 적어둔 명단은 내가 특정 활동에 실력이 붙거나 시간이 지나 새로운 관심사가 생기면 달라지곤 했다. 비행기 조종과 스카이다이빙이 대상인 적도 있었고, 헬리콥터 조종은 여전히 명단에 올라 있는 상태이다. 카발로의 영향으로 체스도 그 명단에 올라가게 되었다.

나는 뉴올리언스 거리에서 체스를 두는 한 남자 덕택에 지난 10년 간 체스 실력을 계속 갈고 닦을 수 있었다. 그는 컨벤션 센터와 프렌치쿼터 사이에 있는 길에 체스판을 펼쳐 놓고 있어서 몇 년에 한 번씩 뉴올리언스에 회의차 갈 때마다 이 남자를 보게 된다. 그는 밤에 인도에 앉아서 상대가 누구든지 간에 20달러를 걸고 체스를 둔다. 나는 그 남자와 마주칠 때마다 체스를 한 판씩 두었는데 아직 이겨본 적은 단 한 번도 없다.

언젠가는 그 남자를 이겨보고 싶은 마음에 체스는 여전히 내 도전 명단에 올라 있다. 내가 실력을 조금씩 쌓아가기 시작하면서 우리는 접전을 펼치게 되었다. 마지막으로 치른 경기에서는 그 남자를 수세로 몰아 거의 이길 뻔했으나, 초보자나 저지를 만한 실수 때문에 결국 또 한 차례의 패배를 맛보았다.

미국과 세계 방방곡곡을 돌아다니면서도 나는 체스 공부와 연습을 게을리하지 않았다. 초심으로 돌아가 체스의 기본을 익히고 또 익혔다. 기본기를 새로 닦을 때마다 무엇인가 새로운 것을 배운다는 사실을 깨닫기도 했다. 결국 소속되어 있던 버진 아일랜드의 체스 클럽 회장을 이따금씩 꺾을 수 있을 만큼 실력이 향상되었다. 몇 년간 실력을 갈고 닦은 결과, 나는 마침내 체스를 능숙하게 두는 법을 터득했을 뿐만 아니라 카발로가 어떻게 체스판을 보지 않고도 고수다운 플레이를 펼칠 수 있었는지 이해하게 되었다.

그 비결은 바로 게임의 구조에 있었다. 체스 말과 그 각각의 위치가 서로 들어맞는 방식, 수를 연이어 둘 때 성립하는 인과관계, 강점과 약점이 드러나는 행동, 인내심의 필요성, 유리한 상황이 전개될 때에만 공격하는 것의 중요성, 그리고 공격과 수비를 동시에 해야 하는 필요성 등에 대해 숙지해야만 카발로와 같은 플레이를 펼칠 수 있다는 사실을 배웠다.

시장 또한 구조를 지니고 있다. 실력이 출중한 체스 선수와 마찬가지로 베테랑 트레이더들은 주식 거래를 단독으로 평가하여 성립시키지 않는다. 종합적인 전략과 시장의 상태에 비추어 적합하다고 판단되는 거래만을 성립시킨다. 방어적인 거래를 요하는 시장도 있고 인내심을 요하는 시장도 있으며, 끈질긴 인내심을 요하는 시장도 있다. 체스 고수가 수를 놓듯이 베테랑 트레이더들 역시 분명한 목적 의식과 정확성을 겸비하여 거래한다.

나는 체스를 둘 때 항상 직관에 의존했었다. 게임 초반에도 묘수가 눈에 보이곤 했다. 위기에서 벗어나려면 한 수 한 수 어떻게 두어야 하는지 알아차릴 수도 있었고, 상대의 약점을 무자비하게 공격할 수도 있었다. 하지만 어떻게 해야 상황을 나에게 유리하게 이끌어갈 수 있는지에 대해서는 감을 잡지 못했다. 상대의 허점이 눈에 잘 띄지 않을 때 그 허점을 어떻게 공략할 수 있는지, 상대에게 어떻게 압박을 가해야 실수를 유발할 수 있는지를 알지 못했다. 직관만으로는 체스의 대가가 되기에 충분하지 않았던 것이다. 한 수 한 수를 전략적으로 두기 위해서는 게임의 구조를 이해할 필요가 있었다.

시장 가격을 결정짓는 반복적 행동들의 의미

직관력이 있다는 것만으로는 거래의 고수가 되기에 충분하지 않다. 시장의 구조에 대한 깊이 있는 이해 또는 아인슈타인의 말처럼 '사물의 겉모습 뒤에 존재하는 질서에 대한 감^{feeling}'이 추가적으로 요구된다. 이는 두뇌를 골고루 활용해야 함을 시사하며, 분석적인 좌뇌와 직관적인 우뇌의 능력을 종합적으로 사용할 필요가 있는 것이다.

1991년에 '공로 아카데미*'와의 인터뷰에서 조나스 소크 역시 양쪽 뇌를 둘 다 사용해야 할 필요성을 역설했다.

이성만으로는 충분하지 않다. 직관만으로는 이성의 도움으로 더 나은

---

* The Academy of Achievement: 전 세계적으로 재능을 인정받은 학생들이 다양한 분야에서 성공을 거둔 사람들과 직접 소통할 수 있도록 돕는 비영리 조직—옮긴이

판단을 할 수 있지만, 직관 없이 이성만으로는 쉽게 그릇된 길로 접어들 우려가 있다. 이성과 직관 둘 다 정확한 판단을 내리는 데 필수적인 요소이다. 내가 즐겨 말하듯이, 나는 무엇인가에 대한 감이 생기면 그것을 이성을 담당하는 뇌로 보낸다. 이성에게 그 직관을 검사받고 나면 그것을 다시 직관을 담당하는 뇌로 돌려보내 그 감이 여전히 괜찮은지 다시 한 번 확인한다.

직관의 유용성 여부를 검사하기 위해서는 좌뇌에서 이성이 적절한 구조와 틀을 제공할 수 있어야 한다. 거래에서는 시장 참가자들 간의 반복적인 상호작용에 기인한, 시장 가격을 결정짓는 반복적인 행동들이 이러한 틀의 기반이 된다. 사람들, 즉 트레이더와 투자자들은 비슷한 상황에서 비슷하게 행동하기 마련이기 때문에 이러한 행동은 예측할 수 있는 방식으로 되풀이된다. 많은 사람들이 시장에 진입할 때 이런 식으로 되풀이되는 행동이 시장 가격의 반복적인 움직임을 통해 나타난다.

시장 가격을 결정짓는 반복적인 행동들이야말로 거래를 통해 얻는 모든 수익의 근원이다. 이는 거래에서 우위를 점할 수 있는 기회를 제공하기 때문이다. 여기서 말하는 우위edge란 시장 참가자들의 임의적인 행동에 대한 약간의 통계상 이점을 의미한다. 예를 들어, 며칠 내에 시장 가격을 1달러 오르게 하거나 50센트 떨어뜨릴 확률이 통계적으로 똑같은 시장 참가자들의 행동을 예측할 수 있다면, 해당 주식을 매수한 후 얼마 지나면 수익을 올릴 수 있을 것이다. 이럴 경우 매번 거래를 할 때마다 주당 50센트를 잃거나 1달러를 따게 될 확률이 50대 50인 셈이다. 약간의 우위를 지닌 여러 건의 주식 거래를 통해 평균적으로 얻는 수익은 금세 큰돈으로 불어난다.

물론 이렇게 반복되는 패턴을 알아채는 것이 쉽지만은 않다. 그렇지 않다면 거래를 통해 돈을 버는 일이 애들 장난 같을 테니까 말이다. 베테랑 트레이더들은 이 기술의 중요성을 이해하고, 우뇌의 직관과 좌뇌의 지력을 복합적으로 활용하여 시장에서 나타나는 행동의 반복성을 스스로에게 유리하도록 이용한다.

앞 장에서는 인지적 편향의 여러 종류를 과학적인 명칭을 들어가며 언급한 바 있고, 이러한 편향들이 거래에 어떤 방식으로 영향을 미치는지 간단히 소개했다. 이 장에서는 거래 심리학에 대해 보다 심도 있게 다룰 예정이다. 거래의 구조에 있어 핵심적인 다섯 가지 개념인 가격, 모멘텀, 사이클, 지지와 저항, 도취*와 절망despair에 대해 알아보도록 하겠다.

거래에서의 우위를 암시하는 반복적인 기회를 올바르게 인식하기 위해서는 이에 앞서 시장 자체의 구성 요소들을 이해할 필요가 있다. 이와 같은 내용이 어떤 독자들에게는 너무 기본적인 내용처럼 여겨질지도 모르겠지만 일단 인내심을 가져보기를 바

---

* euphoria: 영국의 전설적인 투자자이자 피델리티 인터내셔널(Fidelity International)의 사장인 앤서니 볼턴(Anthony Bolton)은 주식시장의 '심리적 로드맵(sentiment roadmap)'을 통해 주가 사이클에 따른 시장 참가자들의 열 네 가지 심리 변화에 대해 언급한 바 있다.
—옮긴이

란다. 내가 체스를 제대로 두기 위해서 이를 악물고 기초를 다시 다졌던 것을 생각해보라. 나 또한 기초 정도는 다 알고 있다고 생각했었다.

| 주가를 구성하는 요소는 무엇인가

어느 시점을 살펴보더라도 주가는 균형점, 다시 말해 매수와 매도의 역학 관계 간의 균형을 나타낸다. 또한 심리적 압박의 여파spillover를 반영하기도 한다.

어느 시점에서든 시장에는 더 낮은 가격에 주식을 매수하고 싶어하는 매수 희망자들과 더 높은 가격에 주식을 매도하고 싶어하는 매도 희망자들이 존재한다. 나스닥NASDAQ과 같이 체계가 분명하게 잡힌 시장에서는 가격은 전적으로 주문을 내는 개별적인 시장 참가자들의 손에 달려 있다. 어느 매수 희망자가 구글주GOOG 100주를 사기 위해 400달러 또는 그 이하의 가격에 매수 주문을 낸다고 가정해보자. 이번에는 어느 매도 희망자가 같은 주식 100주를 팔기 위해 420달러에 매도 주문을 낸다고 가정해보자.

이 두 트레이더가 시장에 존재하는 유일한 매수자와 매도자라면, 이들이 제시한 가격이 각각 매수호가와 매도호가가 된다. 즉, 주가가 **매수호가** 400달러, 매도호가 420달러로 공시될 것이다. 매수호가bid는 매수 희망자가 제시할 의향이 있는 가장 높은 금액이고, **매도호가**ask는 매도 희망자가 제시할 의향이 있는 가장 낮은 금액이다. 어떤 시장의 어느 시점에서든 매수호가와 매도호가는 엄연히 존재한다. (스프레드라고 일컫는 이러한 매수와 매도호가간 차이는 실제로 20달러씩 되는 경우는 드물며, 상당히 적은 액수인 경우가 대부분이다. 구글과 같은 유동 주식의 스프레드는 1센트 정도일 가능성이 높다. 내가 큰 스프레드를 사용한 것은 독자들이 이 개념을 보다 쉽게 이해할 수 있도록 하기 위함이다.)

거래가 성립되기 위해서는 어딘가에서 누군가가 항복해야만 한다. 매수 희망자가 매수를 더 갈망할 경우 그 불안 심리가 주문에 반영되어 시장보다 높은 가격에 주문을 내거나 현재의 매도호가에 시장가 주문을 낼 것이다. 이럴 경우 매도호가에 매도하기를 원했던 사람이 승리하게 되며, 그 주문은 체결된다. 매도자는 원하는 가격인 420달러에 100주를 매도하는 데 성공한다.

매수자와 매도자가 같은 가격에 거래할 의향이 있을 때 거래는 성립된다. 이 거래에 이용되는 주가가 종가로 공시되는 가격인 셈이다. 앞서 제시한 구글의 예를 다시 살펴보면, 시장가 주문을 내는 매수자는 결국 420달러를 지불하게 될 것이고, 매도자는 보유하고 있던 구글 주식을 해당 가격에 매도하게 될 것이다. 매수자가 항복했기 때문에 시장가 주문을 내고 420달러라는 더 높은 가격을 지불하게 되는 것이다.

주가가 매수호가와 매도호가 사이를 오르락내리락하는 동안, 두 호가가 동일하게 유지될 수도 있다. 매도호가에 거래가 이루어진다는 것은 한 명 이상의 매수 희망자가 항복했다는 의미이며, 반대로 매수호가에 거래가 이루어지면 한 명 이상의 매도 희망자가 항복했다는 뜻이다.

실제로 매수매도 호가차이는 근소한 경우가 많으므로 '항복'한다는 표현이 너무 과장되게 들릴지도 모르겠다. 유동 주식의 경우 매수매도 호가차이가 보통 1센트 또는 그 이하이기 때문에 대부분의 트레이더들이 항복함으로써 손해를 보게 되는 비용은 상당히 적다. 트레이더들은 주문이 빨리 체결되기를 바라며, 매수할 때 1센트 정도를 더 내게 되거나 매도할 때 1센트 정도를 손해 보게 되더라도 크게 신경 쓰지 않는다. 그러나 스프레드가 크게 벌어지면 항복하는 것이 극적인 선택이 될 수도 있다.

매수매도 호가차이는 트레이더들이 시장 상황이 불확실하다고 느낄 때 커지는 경향이 있다. 시장이 커다란 변동폭을 보이기 시작하거나 갑자기 급격한 하락세를 보이면 스프레드는 벌어지게 된다. 이러한 현상은 스프레드의 일부를 수익으로 올리는 작은 규모의 거래만을 성립시키려는 트레이더들이 시장의 향방에 대한 불확실성을 감수하고서도 거래가 성사될 지점까지 주가를 이동시키기 때문에 발생한다.

이런 문제는 대개 주가가 하락할 때 가장 두드러지게 나타난다. 시장이 급작스럽게 폭락할 경우 주가 하락 그 자체가 매수에 나서려던 잠재적인 매수자들로 하여금 결정을 재고하고 시간을 두고 기다리도록 만든다. 이들은 두 가지 이유로 기다리는데, 첫째는 주가가 더 하락하면 더 낮은 가격에 주식을 매수할 수 있으리라는 사실을 알기 때문이고, 둘째는 주가 하락 그 자체가 시장 상황이 달라졌음을 시사한다고 생각하기 때문이다. 주식 거래는 항상 시장 상황에 따라 성립 여부를 결정하게 되므로 주가 하락이 이 주식을 애초에 매수하는 것이 좋은 생각이 아니었다는 의견을 뒷받침한다고 여길 수도 있다.

모순되게도 더 높은 가격에 거래를 하는 것이 더 나은 결과를 불러올 때도 있다. 주가가 지나치게 낮다는 것은 두 가지 점을 시사한다. 하나는 매수자들과 매도자들 간의 심리적인 줄다리기에 두드러지는 변화가 있다는 것이고, 다른 하나는 매도자들이 집단적으로 항복했음을 뜻한다. 심리적으로 유리하지 않은 입장에 처해 있을 때 시장에 진입하게 된 여러 매도자들의 존재가 상당 기간 동안 주가를 떨어뜨릴 수도 있다. 이럴 경우 균형이 다시 회복될 때까지 기다리는 것이 현명한 경우가 많다.

주가가 심리적인 현상의 하나라는 사실을 이해하는 것이 곧 시장 구조를 이해하는 열쇠이다. 차트상에서 주가 변동이 눈에 띈다면 우리는 시장 참가자들의 전반적인 심리 상태가 변하는 광경을 지켜보고 있는 셈이다.

| 시장의 관성과 모멘텀에 대하여

시장은 물체와 유사한 방식으로 관성을 보인다. 시장을 특정한 방향으로 움직이기 위해서는 어느 정도의 힘을 가해야 하고, 한 번 움직이기 시작한 시장은 지속적으로 움직이는 경향이 있다. 이와 같은 원리로 정지 상태에 있는 시장은 일정한 범위 내에서만 조금씩 움직일 뿐 전체적으로는 계속 정지해 있다. 상승세를 보이는 시장은 계속 상승세를, 하락세를 보이는 시장은 계속 하락세를 보이는 현상도 이와 같은 맥락에서 이해할 수 있다.

시장의 모멘텀은 시장 참가자들에게 내재되어 있는 심리에서 기인한다. 이는 연쇄 반응, 즉 시장에 대한 사람들의 생각과 시각이 전염병처럼 번진 데 따르는 결과이다. 이러한 생각의 확산은 처음에는 특정한 계기를 필요로 하지만, 일단 매수나 매도세가 일정 수준에 이르고 나면 그 다음부터는 자체적으로 가속도가 붙는다. 매수는 매수를 낳고, 이는 더 많은 매수를 불러일으킨다. 매도의 경우도 마찬가지다.

또, 시장의 모멘텀은 건기에 덤불에 불이 붙는 것과 흡사하다. 처음에 불을 붙일 때만 작은 불꽃이 필요할 뿐 이내 촉매 없이 자체적으로 불이 번지며, 계속해서 더 큰 덤불을 향해 서서히 번져 나간다. 결국 열기가 너무 거센 나머지 빠른 시간 안에 불길이 번지는 단계에 이른다. 또 열기는 산소를 새로 끌어들이는 상승 기류를 일으켜 열기를 더욱 기세게 하므로 이러한 현상은 계속 반복된다. 불은 연료가 소진되거나 비가 내려야만 비로소 꺼지게 된다. 연료의 양과 성질이 화재 자체의 성격을 결정짓는 요소로 작용하는 경우가 많다. 덤불이 빽빽하거나 잔뜩 메말라 있으면 불은 빨리 붙을 뿐 아니라 더 뜨겁게 더 빠른 속도로 번진다.

시장에서도 마찬가지다. 불확실성은 덤불을 메마르게 하는 건조한 공기와 비슷하고, 불안 심리, 두려움, 탐욕은 각각 불을 번지게 하는 잔디, 덤불, 나무에 비유할 수 있다. 주가 변동이 크면 클수록 그 현상을 지켜보는 사람들의 마음 속 불확실성도 커질 수밖에 없다. 개인 트레이더들은 시장이 예상 외의 움직임을 보인 후 판도가 어떻게 변할지 자신 있게 예측할 수 없을 것이다. 현재 보유 중인 주식이 없을 경우 이러한 불확실성이 이들이 시장에 진입하는 것을 저해할 가능성이 크다. 만일 주가 변동으로 인해 포지션이 불리해진 상황이라면 이들의 두려움은 더욱 커진다.

나뭇가지와 잔디의 크기가 작을수록 불이 더 쉽게 붙듯이, 트레이더들 중에서도 남들보다 더 빨리, 더 쉽게 공황 상태에 빠지거나 두려움을 느끼는 사람들도 있다. 시장이 갑자기 하락세를 보이면 이들은 보유하고 있는 주식을 제때 매도하지 못할까 봐 겁이 난다. 그래서 이들은 "가격이야 어떻든 상관 없어. 날 시장에서 내보내기만 해줘!"라고 부르짖으며 시장가 매도 주문을 낸다. 한마디로 공황 상태에 빠지는 것이다.

공황 상태는 주가를 더 떨어뜨리는 요인이 된다. 그 이유는 '시장 가격에 내는 매도' 주문은 매수호가에 거래가 이루어지므로, 주가가 급락할 때면 예외 없이 바로 이전 거래에 비해 훨씬 낮은 가격에 거래가 성립되기 때문이다. 시장이 폭락할 경우 향후 시장 가격이나 시장의 동향에 대한 불확실성이 커지기 때문에 매수호가가 매도호가보다 훨씬 낮아지는 것이다. 불확실성이 커질수록 매수매도간 호가차이 역시 커질 수밖에 없다. 사실 이것이 시장 가격을 통해 시장의 불확실성을 가늠해볼 수 있는 하나의 방법이기도 하다. 스프레드가 눈에 띄게 벌어진다는 것은 시장 참가자들이 느끼는 불확실성이 그만큼 크다는 의미이다.

주가가 갑자기 곤두박질친 후 스프레드가 벌어지면 시장가 주문은 상대적으로 더 큰 폭의 주가 하락으로 이어진다. 여러 명의 트레이더들이 거의 동시에 시장가 매도 주문을 내면 이 또한 주가 폭락으로 이어져 불확실성이 어떠한 방식으로 불난 집에 석유를 붓는 것과 같은 역할을 하는지 보여주게 된다. 아울러 불확실성이 클 때는 시장이 더욱 급격하게 움직이는 것을 관찰할 수 있다.

덤불에서 발생하는 화재처럼, 시장 모멘텀 또한 연료로 쓰이던 두려움, 불안 심리, 탐욕이 소진되고 나서야 비로소 멈추게 된다. 잔디와 작은 관목들은 태우면서도 큰 나무들은 태우지 않는 작은 화재와 같이, 시장 내의 공황 상태가 상대적으로 소규모인 경우도 있다. 그러나 웬만해서는 공황 상태에 잘 빠지지 않는 베테랑 트레이디에게끼지 공항이 영향을 미치는 경우도 있다. 시장 모멘텀은 어느 시점에든 다양한 형태로 나타날 수 있다. 예를 들어, 하루 중 아주 짧은 시간 안에 매수와 매도가 이루어지는 초단타 매매에서 50달러짜리 주식이 몇 분 내에 20~30센트의 등락폭을 보일 수도 있고, 일일 매매에서 같은 주식이 몇 시간 동안 50센트~1.5달러의 등락폭을 보일 가능성도 있다. 또한, 주가가 며칠 내지는 몇 주에 걸쳐 5~8%의 등락폭을 보이는 단기 모멘텀도 있으며, 수개월 내지 수년 간 30~40%의 등락폭을 보이는 장기 모멘텀도 있다.

심지어는 서로 다른 시간대의 모멘텀이 한꺼번에 나타날 수도 있다. 주가가 장기적으로 하락하는 가운데 중기적 하락세와 하루만의 단기적 하락세가 모두 나타날 수 있는 것이다. 실제로 2008년 9월 말부터 10월 초 사이에 미국 주식시장에서 이처럼 여러 시간대에 걸쳐 수일간 공황 상태가 계속된 적이 있었다. 그 당시 불확실성의 정도가 매우 컸던 만큼 잠재적 매도자들이 계속되는 공황 상태에 빠져 급하게 매도에 나섰으며, 몇 주 동안 주가의 변동이 극심했었다.

그렇다고 해서 모멘텀이 영원히 지속되지는 않는다. 일반적으로 속도를 늦출 때쯤 되면 모멘텀은 멈추지 않는 대신 반전된다.

| 커졌다 작아졌다 하는 불안 심리가 반영된 사이클

주가는 주기적으로 순환하지만 안타깝게도 트레이더들이 친숙하게 여길 만한 사인sine 곡선과 같은 형태를 지니지는 않는다. 시장 가격 패턴이 쉽게 예측할 수 있는 규칙적인 형태로 되풀이되지는 않더라도 패턴이 오르락내리락하는 움직임은 눈에 분명하게 보인다. 사이클은 모멘텀의 일시적인 중단과 방향의 변화로 인해 발생한다. 모멘텀은 연료를 다 소진할 때까지 일정 기간 동안 한 방향으로 향하다가 시장이 일시적으로 멈추는 현상을 보인 후부터는 향하던 방향으로 한동안 더 나아가거나 정반대의 방향으로 나아간다.

그림 4.1은 2009년 3월부터 7월 초까지의 IBM 주가 차트를 나타낸다. 해당 그림에는 점 A부터 점 J까지 단기간의 일일 사이클 몇 개가 순서대로 표시되어 있다. IBM의 주가가 3월 말부터(점 A)

그림 4.1 | 사이클

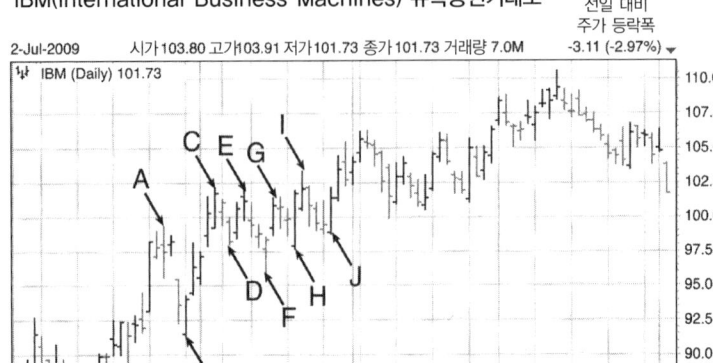

자료 제공 | StockCharts.com

서서히 상승하기는 했지만 상승세와 하락세를 거의 매주 반복했다는 점에 주목할 필요가 있다. 주가는 점 A까지 상승했다가 점 B까지 하락하고 나서 점 C까지 더 큰 폭으로 상승했다가 점 D까지 하락했다. 이 책을 집필하는 동안에도 주가의 등락은 계속되었는데 각각의 사이클이 매번 3~6일씩 지속되고는 했다.

그렇다면 무엇이 이러한 사이클을 형성하는가? 갑작스러워 보이는 사이클의 방향 전환은 어떤 힘이 가해졌기 때문인가?

사이클은 시장 참가자들의 심리, 즉 낙관론과 기대심리가 주기적이고 반복적으로 변하기 때문에 형성된다. 시장이 상승세를 보이는 이유는 시장 참가자들이 주가가 더 올라야 한다고 생각하기 때문인데, 잠재적 매도자들은 현재 가격에 매도하기를 꺼리

| 그림 4.2 | 주가 사이클에 따른 심리 작용

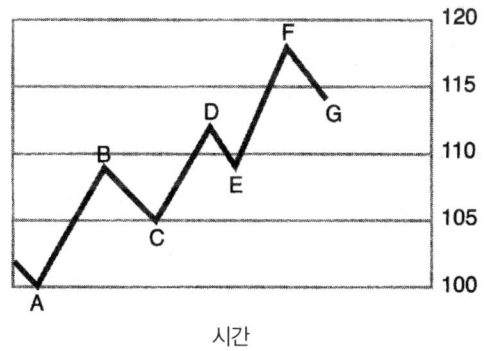

고 잠재적 매수자들은 더 높은 가격에 매수할 의사를 보이는 것이다. 그림 4.2에 나타나는 패턴을 살펴보도록 하자.

주가 사이클을 제대로 이해하기 위해서는 사이클의 각 시점에서 시장 참가자들이 어떤 생각을 하는지 이해하는 것이 도움이 된다. 또한, 각 사이클에서의 전환점과 맞물려 주가의 동향을 변화시키는 것이 무엇인지 이해할 필요도 있다.

우선 점 A부터 살펴보자. 이 시점에서부터 주가는 주당 약 100달러에서 108달러까지 꾸준하게 상승한다. 매수 희망자들은 거래를 성립시키기 위해 더 높은 가격에 주식을 매수할 의사가 있다. 그러나 매도 희망자들은 더 낮은 가격에 매도할 의사가 상대적으로 적었기 때문에 주가가 상승한 것이다. 주가가 108달러 부근에 이르면 잠재적인 매수자들이 더 높은 가격에 주식을 매수할 의향이 없어지므로 매수 압력이 사라진다. 더 높은 가격을 지불하고서라도 매수하기를 원했던 성격 급한 매수자들은 이미 사고 싶은 만큼의 주식을 매수한 뒤이다. 이제 남아 있는 사람들은 인내심이 더 강하며 더 나은 기회가 생길 때까지 기다릴 의향이 있는 매수 희망자들뿐이다. 이들은 시장가 주문을 통해 거래를 성립시키는 데 만족하지 않는다.

점 B에 이르면 매도 희망자들은 두 가지 중 한 가지를 선택해야 한다. 가격이 더 오를 때까지 기다리거나, 당장 매도하고 싶다면 가격을 낮춰야 한다. 조급해하던 매수 희망자들은 이미 시장을 떠났다. 매도자들의 시대는 이미 막을 내린 것이다. 이제는 주식을 팔고 싶으면 시장가 주문을 내는 수밖에 없다.

잠재적 매도자들 가운데는 주식을 훨씬 일찍 매수한 사람들도 있다. 이들은 105달러 이상의 가격으로 매도에 나설 경우 수익을 올릴만한 사람들이다. 다른 잠재적 매도자들은 조금 더 최근에 105 혹은 106달러를 지불하고 매수한 사람들이 대부분이다. 이들 역시 수익을 내고 매도하기를 원하지만, 주가가 108달러에서 2~3달러 정도 더 떨어지면 상황이 매우 어려워진다. 또 다른 잠재적인 매도자들은 주가가 훨씬 더 오를 것으로 기대하고 107이나 108달러에 매수한 사람들이다.

최근 들어 108달러에 주식을 매수한 사람들이 맨 처음으로 매도에 나설 가능성은 그리 높지 않다. 수익을 바라고 매수한 만큼 주가가 떨어지기 시작할 때나 되어서야 이들의 마음이 움직일 것이기 때문이다. 이보다 훨씬 낮은 가격, 즉 80~90달러에 주식을 매수한 사람들이 수익을 낼 기회를 잡을 가능성이 더 높다. 이들은 주가가 꾸준히 상승하는 추세가 머지 않아 멈출 것을 염려하며 매도 기회를 엿본다. 그리고 더 높은 가격에 매도하기 힘들어질 때, 시장이 최고조에 달한 것을 걱정하기 시작한다. 더 이상 기다리기를 원하지도 않을뿐더러 주가가 떨어질 것을 우려하는 만큼 이들은 현재의 매수호가에 주식을 매도하게 된다. 이러한 매도 희망자들의 행동은 시장 가격을 서서히 떨어뜨리는 결과로 이어진다.

시장의 하락세를 예측하는 트레이더의 수가 증가함에 따라 105~106달러에 주식을 매수했던 사람들은 매도에 나설 기회를 잡기도 전에 수익이 사라질까 봐 걱정하기 시작한다. 이들 중 일부는 실제로 허둥지둥 주식을 매도하기도 한다. 더 이상 기다리기 원하지 않는 다른 매도 희망자들 역시 시장가 주문을 통해 거래를 성립시킴으로써 주가가 더욱 하락하는 데 일조한다.

주가는 마음이 불안한 매도자들 모두가 주식을 팔 때까지 지속적으로 하락하다가 차트상에 표시된 점 C(주가가 105달러인 시점) 직전에 이른다. 이 시점이 바로 균형이 깨지고 추세가 다시 매수자 쪽으로 기울기 시작하는 전환점이다. 더 낮은 가격으로 몰기 위해 기다려왔던 매수 희망자들이 보다 적극적으로 매수에 나서는 시점인 셈이다. 이들은 예전에 비해 더 자주 높은 매도호가에 거래를 성립시키고자 한다. 이쯤 되면 시장 흐름이 바뀌어 주가가 다시 상승세를 보이기 시작한다. 가속도가 붙었던 하락세가 마침내 멈춘 것이다.

주가 상승은 다른 잠재적인 매수자들로 하여금 주문을 보다

| 그림 4.3 | 주가 동향별 매수자와 매도자의 불안 심리 |

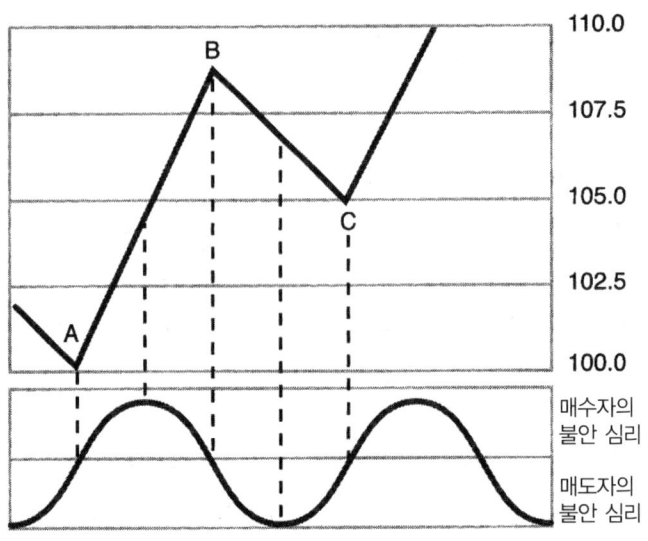

적극적으로 내도록 만든다. 이들 역시 주가가 계속 오를까 봐 슬슬 걱정이 되기 시작했기 때문이다. 이러한 매수 희망자들은 가격이 아직 상대적으로 낮을 때 주식을 매수하고 싶어한다. 최근에 주가가 상승하기 시작한 만큼 결정에 급박함이 뒤따를 수밖에 없다. 주가가 지속적으로 상승할 경우 이들은 잠재적인 수익을 올리지 못하고 손해를 보고 말 것이다.

매수자와 매도자의 불안 심리를 나타내는 그래프를 통해 이들이 느끼는 압력의 반복적인 변화를 모형화할 수 있다. 매수하기를 원하는 사람들이 매도 희망자들보다 더 조급해하면 주가는 상승한다. 반면 매도 희망자들이 더 조급해할 경우 주가는 하락한다. 그림 4.3은 주가 대비 매수자와 매도자들이 느끼는 불안함의

그림 4.4 주기가 동일하지 않은 사이클

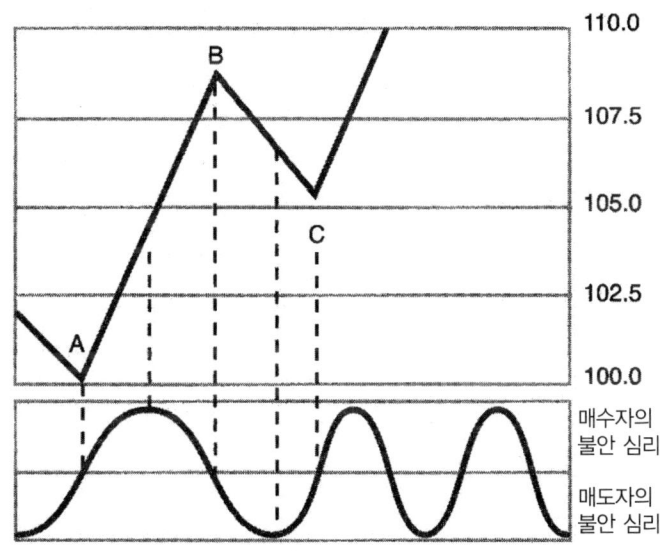

정도를 나타낸다.

주가 그래프에서 골짜기처럼 움푹 파인 부분은 매수자의 불안 심리(또는 절박함)가 매도자의 불안 심리(또는 절박함)를 넘어서기 시작하는 전환점이라는 것에 주목할 필요가 있다. 마찬가지로 봉우리처럼 뾰족하게 솟은 부분은 매도자의 불안 심리가 매수자의 불안 심리를 추월하는 시점을 나타낸다.

주가가 상승하는 이유가 매도자에 비해 매수자의 수가 더 많기 때문이라고 생각하는 사람들도 있다. 하지만 이는 사실이 아니다. 매수자와 매도자의 수는 항상 동일하기 때문이다. 모든 거래에는 한 명의 매수자와 한 명의 매도자가 참여한다. 그 날 장 마감 시 차트상에 표시되는 거래량이란 거래된 모든 주식의 합계를 나타내며, 이는 매수한 주식의 수 또는 매도한 주식의 수와 일치한다. 매도자 대비 매수자의 수가 가격을 결정하는 것이 아니라 매수자와 매도자 간의 상대적인 절박함이 이를 결정하는 것이다.

엄밀히 말하면 그림 4.3은 매우 비현실적이다. 실제로 각각의 사이클이 이처럼 정확하게 같은 주기로 발생하는 경우는 상당히 드물다. 그림 4.4가 현실에 보다 가까운 형태의 사이클을 나타낸다.

여기서 사이클 간의 주기가 전혀 한결같지 않은 점에 주목할 필요가 있다. 그래프상의 점 B와 점 C사이에서 사이클의 주기가 짧아진 것을 눈여겨보기 바란다. 이는 앞서 제시한 사이클에서보다 매수자의 불안감이 훨씬 급작스럽게 증가했음을 의미한다.

거래 사이클은 실제로 전혀 획일적인 형태를 나타내지 않는다. 현실에서는 사이클이 발생하는 시기뿐 아니라 규모 역시 다양한 양상을 보인다. 사이클 곡선이 위를 향하는 동안 매수자가 느끼는 불안 심리는 곧이어 아래를 향하게 될 때 매도자가 느끼는 불안 심리와 같은 수준인 경우는 거의 없다. 때로는 한 방향으로 향하는 사이클 곡선의 길이가 다른 방향보다 현저하게 짧을 때도 있다. 상승장에서는 대체로 매수자의 불안 심리가 매도자의 불안 심리를 능가하고, 이와 반대로 하락장에서는 매도자의 불안 심리가 매수자의 불안 심리를 넘어서는 경우가 대부분이다. 이러한 변화가 오르락내리락하는 시장 사이클의 특성을 가진 주가 변동을 낳는다.

시장 구조를 파악하는 핵심, 지지와 저항

지지와 저항은 시장 구조의 가장 중요한 개념 중 하나이다. 매수자와 매도자의 불안 심리가 교차하는 데 따르는 사이클의 방향 변화는 대체로 지지선이나 저항선 근처에서 발생한다. 그림 4.5를 참고하자.

수평적인 지지선과 저항선은 항상 최초의 전환점anchor point에 의해 좌우된다. 그림 4.5에 표시되어 있는 점 A는 4월 말에 시스코의 주가가 주당 20달러까지 치솟은 시점을 나타내며, 이후에 형성되는 저항선에 대한 전환점에 해당하기도 한다. 이때 20달러가 바로 저항수준을 나타낸다. 한편, 전환점은 최소 며칠이 경과한 뒤 주가가 그 가격을 넘어서지 않았을 때에서야 비로소 의

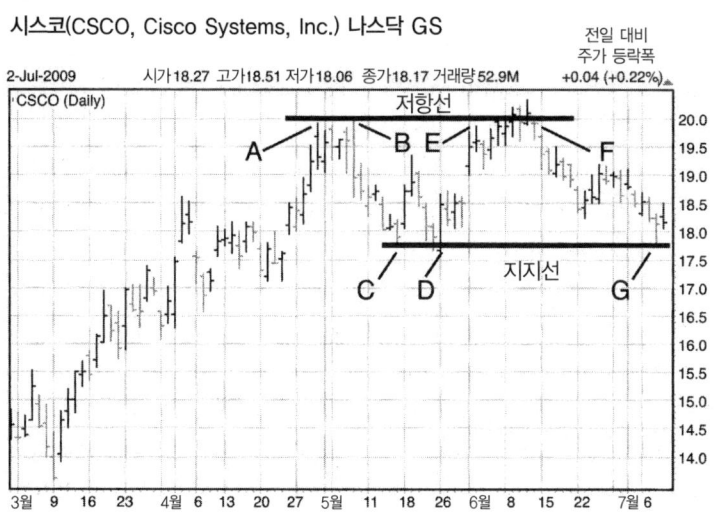

그림 4.5 지지선과 저항선

미를 갖는데, 점 A가 눈에 띄는 이유는 20달러가 지난 몇 달 간 거래된 가격 중 최고가이기 때문이다.

뒤이어 나타나는 점 B, E, F는 주가 사이클이 방향을 바꾸는 시점을 나타낸다. 방향 전환이 일어나는 이유는 주가가 전환점 A가 정의하는 저항수준인 20달러에 근접했기 때문이다.

점 B에서는 주가가 두 차례에 걸쳐 19달러로 하락했다가 20달러 근처까지 상승하기 때문에 매도 압력이 더 커진다. 시장 가격이 처음에 점 A까지 상승해 20달러에 근접했을 때 더 나은 가격을 기다렸던 여러 매도 희망자들은 뒤이은 주가 하락으로 희망이 꺾였을 터였다. 따라서 주가가 다시 같은 수준까지 상승할 때, 이들은 주가가 처음 그 가격에 이르렀을 때보다 매도하고 싶은 마음이 더욱 커질 수밖에 없다. 게다가 이어지는 나흘 동안 주가가 20달러를 넘어서지 않았기 때문에 이 가격이 이제는 매수자, 매도자 모두에게 높은 가격으로 인식된다. 잠재적 매수자들은 이렇게 높은 가격에 주식을 매수하기를 꺼릴 것이고, 잠재적 매도자들은 매도에 나서려는 마음이 더욱 커질 것이다.

이러한 두 가지 요소가 복합적으로 작용하면 주가가 더 이상의 상승을 멈추고 저항수준이 20달러 부근에서 설정되도록 자연적인 장벽 역할을 한다. 그리고 주가는 저항선 부근에서 반전 추세를 보일 가능성이 더 높다. 저항선은 상승세를 보이던 주가 사이클이 하락세를 보이는 사이클로 변모하기에 자연스러운 시점으로 작용하기도 한다. 주가가 저항수준에 근접할 경우 매수자들의 불안감은 줄어드는 한편 매도자들의 불안감은 증폭되어 이들은 매도에 나서고 싶은 마음이 간절해진다. 이는 대체로 주가가 일시적인 하락세를 보이는 데 일조한다.

저항선은 상황에 따라 단 하루 동안만 유지되거나 며칠 동안 유지될 수도 있다. 주가가 영향력을 행사하기에 앞서 저항선에 미처 도달하지 못하는 경우도 있다. 주가가 저항선에 근접하기는 하지만 저항선을 돌파하지는 못하는 경우가 심심치 않게 나타나는 것이다. 점 E를 살펴보자. 주가는 18달러까지 하락한 후 5월 말에 다시 상승세를 보여 19.80달러 부근까지 치솟는다. 그러다가 서서히 하락세를 보이며 19달러 근처까지 떨어지는 모습을 관찰할 수 있다. 주가가 20달러에 채 미치지는 못했지만 그래도 저항선은 점 E에서 20달러에 형성된다.

이와 다른 경우를 보면 주가가 수일에 걸쳐 저항선을 조금씩 상회하지만, 이 저항선이 설정한 가격을 넘어서지는 못하는 모습을 볼 수 있다. 점 F를 보면 주가는 며칠 동안 20달러를 웃돌지만 20.25달러 이상으로 치고 올라가지는 못한다. 저항선이 이런 방식으로 영향을 끼치는 경우도 종종 있다. 주가가 저항선은 돌파했지만 큰 폭의 상승세를 보이지는 못하고 약간만 상회했을 뿐이다. 잠재적 매수자들은 주가를 더 높이 몰아갈 만큼은 불안해하지 않는 반면, 잠재적 매도자들은 이 정도로 높은 가격을 다시 보지 못할까 봐 불안해져 먼저 공황 상태에 빠진다.

이번에는 지지선에 대해 살펴보도록 하자. 주가는 차트상의 점 C에 이르러 17.80달러라는 저점을 이룬다. 그 후로는 19.35달러 부근까지 약진하다 다시 하락세를 보이며 점 C 바로 아래인 17.75달러 부근에 지지선을 설정한다. 이 시점에 이르게 되면 잠재적 매수자들이 매도자들에 비해 불안감이 커져 17.75~17.80달러를 낮은 가격으로 인식하고 시장가에 주문을 내므로 주가는 상승하게 된다. 다른 매수 희망자들 역시 좋은 기회를 놓치지 않으려고 이들을 따라 매수에 나서게 되어 주가 상승을 더욱 부추긴다.

주가가 지지선과 저항선을 방어하는 것처럼 보이는 이유 중 아주 중요한 부분은, 많은 트레이더들이 이러한 효과를 주시한 만큼 이 현상이 다시 나타날 것으로 예상한다는 점이다. 따라서 지지와 저항이라는 개념은 부분적으로는 자기달성예언*인 셈이다. 트레이더들은 주가가 지지수준에 근접했을 때 지지선 그 자체의 영향으로 주가가 상승하기를 바라며 매수에 나선다. 이와 마찬가지로 주가가 저항수준에 근접했을 때는 저항선 그 자체의 영향으로 주가가 하락하기를 바라며 매도에 나선다. 이러한 효과가 증대될 경우 지지와 저항은 거래에서 가장 영향력 있는 개념 중 하나가 되며, 시장 참가자들의 행동은 이러한 효과를 강화시킨다.

마지막으로 거의 두 달이 지난 후 주가가 20달러를 넘어서다가 17.85달러로 하락하는 시점에서 동일하게 나타나는 지지수준

---

* self-fulfilling prophecy: 자기 암시를 통해 소망하는 바와 행동을 일치시켜 소망하는 바를 결국 이루어내는 것―옮긴이

의 효과에 주목해보자. 점 G에서 또 한 차례 지지선을 방어하고 나서 주가는 18.85달러까지 상승한다. 이 같은 지지선 방어는 매우 흔히 볼 수 있는 현상이며, 주가가 다음날 하루나 이틀 동안 하락한다 하더라도 지지선 혹은 저항선을 일시적으로 방어하는 현상은 가장 신뢰할 수 있는 개념 중 하나이다.

| 도취적 상승 랠리 후에 연속하는 절망적 가격 붕괴

거래의 세계에서 신뢰할 수 있는 또 하나의 개념은 주가 변동이 빠른 속도로 일어나는 기간의 끝 무렵에 나타나는 시장의 과열 현상이다. 이러한 움직임은 수 주 또는 수개월간 지속하기도 하고 며칠 동안만 지속하는 경우도 있다.

여러 가지 면에서 봤을 때 이러한 움직임을 낚싯대 끝에 매달린 작은 추의 움직임에 비유할 수 있다. 낚싯대를 천천히 움직이면 추도 낚싯대와 같이 움직인다. 그러나 낚싯대를 휙 하고 빠르게 낚아채면 추는 움직이기는 하나 관성으로 인해 낚싯대의 속도를 미처 따라가지 못한다. 처음에 추는 낚싯대와 같은 방향으로 움직이지만, 목표 지점을 지나치고 나면 반동에 의해 본래의 위치로 되돌아간다. 이 같은 오버슈팅 overshooting이 한 차례 더 일어난 뒤 추는 낚싯대의 새로운 위치로 돌아간다. 그리고 사이클이 하나씩 형성될 때마다 추가 낚싯대의 새로운 위치와 균형점을 형성할 때까지 오버슈팅하는 정도는 점점 감소한다. 만약 낚싯대를 갑자기 더 늘어뜨린 후 끝에 매달린 추의 움직임을 관찰한다면 그림 4.6과 유사한 형태를 보일 것이다.

| 그림 4.6 | 감쇠 조화 진동자 |

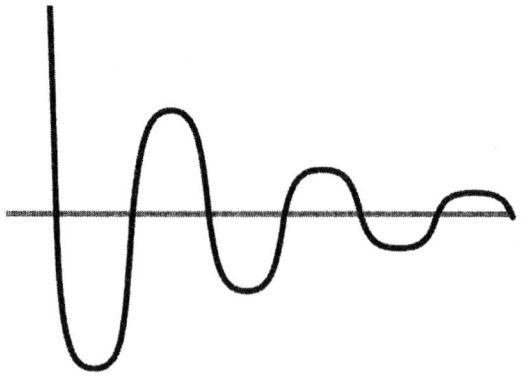

물리학에서는 물체가 이러한 패턴을 그리며 움직이는 것을 감쇠 조화 진동자damped harmonic oscillator와 연관시킨다. 이는 중심선을 기준으로 여러 개의 파동이 점점 작게 일어나는 현상을 일컫는다. 기타 줄이나 피아노 줄을 퉁기면 감쇠 조화 진동자와 유사한 움직임을 보이는 현상을 목격할 수 있다. 진동이 처음에는 크게 나타나다가 시간이 경과함에 따라 점점 작아지는 것이다.

시장 역시 감쇠 조화 진동자와 유사한 움직임을 보일 때가 많다. 낚싯대에 매달린 추와 마찬가지로 주가 변동이 큰 폭으로 일어날 때, 시장은 오버슈팅 현상을 보이고 나서 새로운 균형점을 찾기 위해 천천히 등락을 거듭하곤 한다. 자동차 부품 공급업체 다나 홀딩스Dana Holdings의 주가를 보여주는 그림 4.7을 살펴보자.

주가가 급격하게 치솟은 뒤(1차 주가 변동) 2달러 선에서 오르내리는 점을 주목하자. 주가는 이틀 만에 150% 이상 상승한다. 셋째 날에는 장 개시 후 2.75달러까지 상승했다가 그 가격의 절반

그림 4.7 다나 홀딩스의 주가 변동

에도 못 미치는 1.35달러까지 하락해 결국 1.70달러로 장을 마감한다. 그 다음 날에도 주가는 저가 1.65달러, 고가 2.50달러를 기록하며 변함없이 2달러 부근에서 상승과 하락을 거듭한다. 둘째 날의 주가 변동폭은 85센트로, 첫째 날의 1.40달러에 비해 상당히 작은 규모임을 확인할 수 있다. 주가의 '진동'은 다음 날에도 계속되었으나, 변동폭은 40센트로 더욱 감소한 모습이다.

　주가는 며칠 동안 하락세를 보이다가 1.50달러라는 보다 낮은 균형점을 새로운 중심축으로 삼아 다시 진동하기 시작하고, 이러한 양상의 주가 변동은 며칠 간 지속된다.

　1차 주가 변동은 상당한 정도의 진동으로 이어졌고, 뒤이어 나타난 주가 변동 역시 상당한 정도의 진동을 불러일으켰다. 주가가 새로운 균형점을 찾으려고 시도함에 따라, 꽤 큰 주가의 움직임은 거의 항상 거대한 변동성 증가의 원인이 된다.

이 법칙의 유일한 예외는 주가 변동이 일어났다가 주가가 매우 빠른 속도로 제자리를 찾아가는 경우뿐이다. 이때는 앞서 살펴본 예와 같이 낚싯대에 추를 매달아 갑자기 위로 잡아당겼다가 다시 급하게 제자리로 놓을 때와 유사한 일이 벌어진다. 주가가 위쪽으로 크게 오버슈팅하다가 새로운 균형 가격 주위에서 큰 변동성을 보이며 왔다갔다하는 것이다. 그림 4.8을 통해 드라이쉽스 주식회사의 차트를 살펴보자.

드라이스의 주가가 5달러 정도까지 하락했던 4월 초부터 11달러를 웃돌며 최고가를 기록한 5월 초에 이르기까지, 불과 몇 주만에 120% 이상의 상승세를 보였다는 점에 주목할 필요가 있다. 마음이 불안한 잠재적 매수자들이 이 같은 급격한 상승폭에도 불구하고 보다 높은 가격에 매수에 나서려는 이유는 이들 중 상당수가 몇 달 전 드라이스의 주가가 17달러를 웃돌던 시절에 대해 생각했기 때문이라는 것은 두말하면 잔소리다. 다른 사람들은 지난해 5월 주가가 무려 110달러를 넘어서던 시절을 회상했을지도 모른다. 이처럼 높은 가격에 비하면 주가가 11달러로 오른 것이 상대적으로 소폭 상승했다는 느낌을 주기에 충분했을 것이다.

그러나 시장은 그런 생각에 동의하지 않았다. 낚싯대 끝의 움직임과 유사한 원리로 주가는 상승 속도만큼이나 빠른 속도로 원위치로 돌아가 그 후로 몇 주 동안 새로운 균형점인 주당 7달러 주위에서 '진동'을 거듭했다.

그림 4.8　주가의 변동과 균형점으로의 복귀

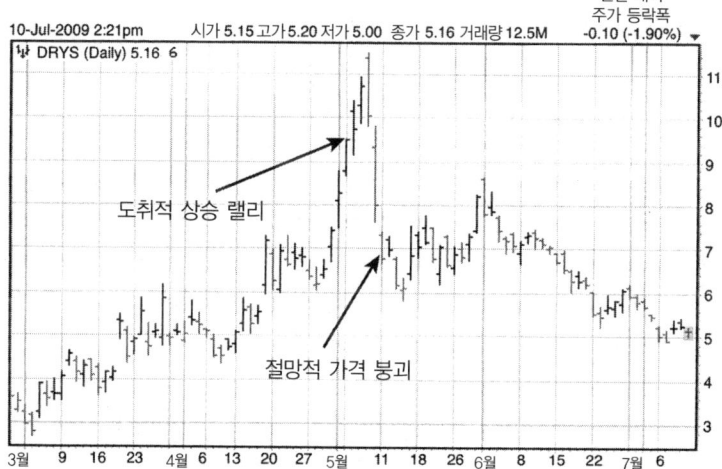

자료 제공 | StockCharts.com

　그림 4.8 드라이스의 차트는 매우 중요한 두 가지 개념을 보여준다. 도취적 상승 랠리euphoric rally와 뒤이어 나타나는 절망적 가격 붕괴despair crash가 바로 그것이다. 도취적 상승 랠리는 주가가 꾸준히 상승하는 기간이 끝날 무렵에 나타난다. 여기서는 4월 말부터 두 달이 넘는 기간 동안 주가가 약 3.50달러에서 6~7달러에 이르기까지 꾸준하게 상승하다가 갑자기 닷새 만에 50%나 치솟는 모습을 관찰할 수 있는데, 이러한 현상이 바로 도취적 상승 랠리이다. 이 시점에서는 감정이 이성을 누르고 위세를 떨치기 때문에 매수 희망자들은 가격에 상관하지 않고 오로지 주식을 손에 넣기 위해 시장에 뛰어든다. 베테랑 트레이더들은 아마도 가격이 급격하게 오르기 시작한 첫날이나 둘째 날에 이미 매수에 나섰을

제4장 시장의 구조　**117**

것이다. 그러나 상승세가 거의 끝나갈 무렵에는 주가가 수직으로 계속 상승한 만큼 매수에 나서지 않았을 가능성이 크다.

주가의 수직 상승은 언젠가 끝이 날 수밖에 없다. 주가가 오르기 시작할 때 시장에 일찍 진입하면 많은 수익을 올릴 수 있지만, 늦게 진입하면 재앙을 부르는 것이나 다름없다.

주가가 하루 사이에 11달러 이상에서 출발하여 10달러 이하로 떨어지고, 엿새 동안 지속적으로 하락하여 5월 중순에는 무려 6달러까지 떨어지자 잠재적 매수자들의 심리적인 영향력은 순식간에 줄어들었다. 시장 참가자들의 마음은 이렇게나 빨리 변할 수 있다. 어떤 날은 주가가 비이성적일 정도로 상승세를 타는가 하면, 또 어떤 날은 비이성적으로 하락세를 타기도 한다. 이 같은 시기에는 트레이더들이 잠재적으로 많은 수익(또는 손실)을 창출할 수 있다. 초보 트레이더들과 달리 베테랑 트레이더들은 모멘덤의 소진, 시장의 과열, 공황 상태 등이 나타날 시그널을 감지하는 방법을 알고 있다.

시장의 구조적 원리와 수익을 올릴 수 있는 기회는 어떤 방식으로 연관되어 있는가? 이러한 시장 구조에 어떻게 직관을 적용시킬 수 있는가? 어떻게 해야 수익을 올릴 수 있는 기회가 나타났을 때 직감적으로 포착할 수 있는가?

위와 같은 질문들은 우리가 머지 않아 답을 구하게 될 유용한 질문들이다. 그러나 이에 앞서 직관과 본능의 올바른 역할에 대해 알아보고, 이러한 개념들이 이성적인 분석과 어떻게 다른지 이해해야 한다. 스스로의 직감을 믿을 수 있도록 탄탄하게 기초를 다질 필요가 있다.

제5장

직감을 훈련하고 신뢰하는 방법

TRADING FROM YOUR GUT

"직관은 이성의 서두르는 모습이다."

―**홀브룩 잭슨**(Holbrook Jackson)

5

Training and
Trusting Your Gut

모나코 그랑프리는 전 세계적으로 가장 유명한 레이스 가운데 하나이며 일반적으로 가장 잘 알려진 스포츠 행사 중 하나이기도 하다. 모나코 그랑프리의 경주 트랙은 몬테카를로의 좁고 구불구불한 도로에 설치되어 있어 트랙 주위에 자리잡은 관중들은 스포츠카들이 질주하는 모습을 훨씬 가까이서 볼 수 있다. 이 트랙은 세계적으로 가장 어려운 자동차경주 코스 중 하나로 손꼽히기도 한다. 77바퀴짜리 서킷은 한 치의 실수도 용납하지 않기 때문에 최고의 카레이서들이 모나코 그랑프리에서 우승하는 경우가 대부분이다. 이 대회는 그야말로 최고의 실력을 갖춘 레이서들의 경주인 셈이다.

모나코에 깔려 있는 트랙은 한 가지 인상적인 특징을 지니고 있다. 트랙의 적지 않은 부분이 지하 터널이라는 점이다. 햇빛이

비치는 도로를 질주하다 어두운 터널을 통과해 다시 밝은 데로 나와야 하는 코스가 레이서들로 하여금 눈을 적응시키기 까다롭게 만든다. 그래서 터널에서 나올 때 레이서들이 트랙의 가장 빠른 지점에서 앞을 보는 데 지장을 주게 된다.

'엘 마에스트로El Maestro, The Master' 라고 알려진 아르헨티나 출신의 후안 마누엘 판지오는 많은 사람들로부터 역사상 최고의 카 레이서라는 평가를 받는 선수이다. 그가 보유했던 포뮬러 원(F1) 챔피언십 5회 우승 기록은 무려 46년 동안이나 깨지지 않았다. 판지오가 포뮬러 원에서 제일 처음으로 우승했던 대회가 바로 1950년에 출전했던 이 모나코 그랑프리였다.

판지오는 1950년도 모나코 그랑프리를 폴 포지션*에서 출발하여 한 바퀴를 돌기가 무섭게 선두로 치고 나갔다. 터널에서 밝은 데로 나오면서 직선 코스로 진입할 때까지 그는 평소처럼 같은 속도를 유지하는 대신 급작스럽게 브레이크를 밟고 다른 레이서들을 향해 손을 흔들며 주의하라고 경고해주었다. 결국 브레이크를 밟은 덕택에 판지오는 트랙 옆의 난간에 가려 잘 보이지 않았던 사각지대 근처에서 발생한 연쇄추돌사고를 피할 수 있었다.

첫 바퀴에서 판지오를 뒤따라가던 니노 파리나Nino Farina는 트랙의 일부가 바다에서 피어오른 물보라로 인해 젖어 있는 바람에

---

* pole position: 결승 레이스 참가 시 맨 앞자리에서 출발하는 가장 유리한 위치—옮긴이

미끄러지고 말았다. 이 과정에서 무려 여덟 대의 차량이 파리나가 일으킨 사고에 휘말리게 되었다. 이는 대회 참가자 18명 중 절반에 해당하는 선수들이 사고를 당했다는 의미이기도 했다. 다행스럽게도 중상을 입은 선수는 한 명도 없었다.

그렇다면 판지오는 왜 브레이크를 밟았던 것인가? 그는 "관중들이 동요하는 것 같다는 생각이 들었어요"라며 그 당시를 회상했다. "제가 선두를 달리고 있는데도 아무도 저를 쳐다보지 않고 다들 반대쪽을 보고 있더라고요." 판지오가 언급한 것처럼, 보통의 경우라면 관중들은 부르릉거리는 소리에 놀라 터널에서 빠져나오고 있는 맨 앞의 차량에 눈길이 갔을 것이다. 스포츠카가 워낙 빠른 속도로 지나가기 때문에 레이서에게는 관중들의 얼굴이 하늘색이 나는 희미한 형체처럼 보일 뿐이다. 그러나 이날 판지오가 본 것은 사고가 난 곳을 보느라 고개를 돌린 관중들의 뒤통수가 평상시보다 어두운 색의 형체로 나타난 모습이었다. 눈 한 켠으로 흘끗 본 이 어두운 색깔이 그의 잠재의식에서 무엇인가를 일깨웠다. 바로 우뇌의 사고를 일깨운 것이다.

아무리 그때 당시가 1950년이었다고 하더라도 포뮬러 원에서 스포츠카가 질주하는 속도는 레이서들에게 깊이 생각하거나 의식적인 판단을 내릴 수 있는 시간을 허락하지 않았다. 결국 카레이싱의 대가인 판지오는 자신의 직관과 빠른 순발력을 이용하여 레이스도 구하고 자신의 생명도 구해냈다.

| 감정과 직관의 분명한 차이

우뇌 지배적 성향을 지닌 사람들에 대해 사람들이 일반적으로 하는 오해 중 하나는 이들이 감정에 의거하여 판단을 내린다고 생각하는 것이다. 이들이 보다 원초적이며 그로 인해 더 열등한 과정을 거쳐 결론을 도출한다고 여긴다. 우뇌 지배적 사고에 대한 이 같은 편견은 우뇌의 사고방식이 감정에 기반을 두었기 때문에 좌뇌의 사고방식보다 덜 합리적일 수밖에 없다는 잘못된 믿음에서 유래한다.

후안 판지오는 자신의 직관에 대해 편견을 지니고 있지 않았으며, 이것을 신뢰할 줄 알았다. 거래의 대가가 되고 싶다면 당신 역시 스스로의 직관을 믿을 줄 알아야 한다. 이 장에서는 직관이 마법처럼 신비로운 것이 아니라 답을 도출하는 데 있어 좌뇌와는 다른 메커니즘을 이용하는 것일 뿐이라는 사실을 보여줄 것이다. 조지 소로스가 겪는 요통이 초자연적인 현상처럼 여겨질지도 모르겠지만, 이는 사실이 아니다. 소로스의 직관이 신체를 통해 신호를 보내면 허리가 아프다고 느끼게 되는 것이다. 이러한 직관은 사실 심오할 정도로 논리적이다. 직관은 그저 의식적인 이성이 아닌 신체의 감각과 느낌을 통해 소통되는 다른 종류의 논리일 뿐이다.

우뇌가 느끼는 감정과 직관을 구별하기란 쉬운 일이 아니다. 영어에서는 'feeling'이라는 단어가 두 가지 뜻을 모두 갖는데, 의식적인 논리가 전혀 뒷받침되지 않는 직관적 반응과 이보다 한층 더 원초적인 형태의 순전히 감정적인 반응을 뜻한다. 'feeling'이 이렇게 혼용되는 한 가지 이유는 감정과 직관이 뇌의 같은 부분을 통해 존재를 드러내기 때문이다. 우뇌에서 일어나는 논리적인 사고 과정의 결과가 '대뇌변연계'라고 불리는, 이른바 뇌의 '감정 담당 센터'를 통해 의식적인 생각으로 표출되는 것이다.

미국의 내과 의사이자 신경 과학자인 폴 맥클린Paul MacLean은 인간의 뇌가 3부 뇌triune brain, 즉 세 가지 부분으로 나뉘어 있다고 최초로 주장한 학자이다. 맥클린은 뇌의 첫 번째 부분을 일명 **파충류의 뇌**reptilian brain라고도 불리는 R 복합체R-Complex라고 이름 지었다. 이 부분은 뇌간과 소뇌로 구성된 부분으로서, 근육의 움직임, 몸의 균형, 호흡과 심장 박동 등의 자율신경 기능을 관장한다. 생존을 위해 본능적으로 하는 행동 또한 R 복합체가 담당하는 영역이며, 특정한 자극을 받았을 경우 반응을 보이는 것도 이 뇌의 몫이다.

맥클린은 뇌의 두 번째 부분을 일명 **원시포유류의 뇌**paleo-mammalian brain라고 불리는 **대뇌변연계**limbic system라고 이름 지었다. 이 부분은 편도체amygdala, 시상하부hypothalamus, 해마hippocampus를 비롯하여 뇌간의 주변에 위치한 여러 개의 작은 기관들로 이루어져 있다. 대뇌변연계는 감정과 기분을 관장하는 역할을 하는 것으로 알려져 있다.

대뇌변연계가 뇌의 가치평가 체계의 중심에 있다는 이론을 뒷받침하는 증거는 상당히 많다. 감정과 기분도 따지고 보면 특정한 대상의 가치를 평가한 것이나 다름없다. 인간을 비롯한 동물들은 자신에게 득이 되는 것을 대할 때면 기분 좋은 느낌이 들게 마련이다. 반면에 자신을 해할 우려가 있는 것을 대할 때면 좋지 않은 기분이 들곤 한다. 달콤하고 건강에 좋은 음식은 맛이 있지만, 천연 독이 들어 있는 음식은 대체로 맛이 이상한 것이 바로 이러한 원리이다. 미각은 음식을 선택하는 데 있어 평가를 위한 자연적인 매커니즘mechanism을 제공한다.

대뇌변연계의 가치평가 기제는 다른 방법으로 나타나는 경우도 있다. 예를 들어 사람이 해마에 손상을 입을 경우 뇌는 기억 저장 기능을 수행할 수 없게 된다. 과학자들은 이러한 현상이 나타나는 이유가 뇌가 저장할 만한 가치가 있는 정보를 구별할 수 있는 능력을 상실하기 때문이라고 주장한다. 뇌는 기억을 평가하지 못하면, 새로운 기억을 저장하지도 못한다.

3부 뇌의 세 번째 부분은 **신피질**neocortex 혹은 **신포유류의 뇌** neomammalian brain라고 불린다. 신피질은 포유류에만 존재하는 부분으로서, 뇌의 나머지 부분을 감싸는 얇은 막, 즉 신경 세포들로 이루어진 여섯 겹의 막으로 구성되어 있다. 크기가 작은 포유류의 신피질은 매끄러운 데 반해 크기가 더 큰 포유류와 영장류, 인간의 신피질은 주름이 자글자글한 모습을 띠고 있다. 이는 뇌의 크기에 비해 표면적을 더 넓히기 위함이다. 신피질은 뇌의 모든 부분이 가진 동일한 기본 구성 요소들로 이루어져 있는 것으로 알려져 있다.

다른 동물들에 비해 인간은 뇌가 대단히 크다. 신체 질량의 비율로 비교해보면, 인간의 뇌가 그 어느 동물의 뇌보다 훨씬 크다는 것이 확연히 드러난다. 이러한 추가적인 질량은 대부분 신피질에 함유되어 있다. 신피질이야말로 고차원적인 사고를 가능하게 해주며, 인간이 다른 동물들보다 똑똑한 가장 큰 이유이기도 하다.

신피질이 인간이 지닌 지능의 원천이니만큼 좌뇌와 우뇌 모두 신피질의 일부라는 사실을 알아야 한다. 즉, 좌뇌와 우뇌 둘 다 근본적으로 지능적이고 논리적이라는 사실이 과학적으로 입증된 셈이다.

| 우뇌의 상향식 사고, 무엇이 다른가

이와 같은 설명에도 불구하고 인간이 우뇌로 생각할 때 발생하는 '감정에 기초한 느낌' 과 '사고에 기초한 느낌' 은 여전히 혼동할 여지가 다분하다. 이런 혼동이 쉽게 일어나는 주된 이유는 좌뇌에서 이루어지는 사고가 하향식*이고 선형적인 데 반해, 우뇌에서 이루어지는 사고는 상향식**이며 평행적이기 때문이다.

하향식 사고는 여러 생각들 간의 의식적인 연계성을 요한다. 즉, 이어져 있는 하나의 생각에서 다른 생각으로 주의력이 지시

---

* top down: 일반적인 개념에서 세부사항으로 전개되는 식의 사고방식—옮긴이
** bottom up: 세부적인 것에서부터 출발하여 전체적인 개념으로 진행해나가는 사고방식
　—옮긴이

를 내리는 과정을 필요로 한다. 이러한 사고는 질서정연하게 선형적인 방식으로 전개되며, 인간의 의사意思를 관장하는 논리 나무의 여러 작은 부분들을 이어주는 역할을 한다. 우리의 주의력이 이 과정을 총괄하여 생각을 세심하게 조정하고, 사람들이 소위 '논리적'이라고 여기는 방식에 따라 사고가 전개되도록 하는 것이다.

반대로 상향식 사고는 생각과 생각 간의 의식적인 연계성을 요하지 않는다. 즉, 우리의 주의를 전혀 필요로 하지 않는 것이다. 이러한 이유로 상향식 사고는 종종 마법처럼 신비하거나 초자연적인 현상처럼 보이곤 하지만, 이는 사실이 아니다. 상향식 사고도 선형적인 하향식 사고만큼이나 합리적이다. 상향식 사고가 마법처럼 보이는 이유는 우뇌가 내린 판단이 이를 뒷받침하는 근거가 전혀 없어 보이는 상태에서도 완전한 형태를 갖춘 채로 우리에게 전달되기 때문이다. 그러나 근거는 분명히 존재한다. 상향식 접근법을 취하는 우뇌가 정보를 처리하는 과정은 하향식 접근법을 취하는 좌뇌와 달리 단지 감춰져 있을 뿐이다.

과학자들은 지난 수십 년간 신기술을 이용하여 뇌의 기능을 이해하는 데 도움이 된 신피질의 세포들을 연구해왔다. 이들은 뇌의 어느 부분이 고차원적인 사고를 담당하고 어느 부분이 시청각 작용을 담당하는지 밝혀냄으로써 사실상 뇌 전체를 기능에 따라 구분해내는 데 성공했다. 연구 결과 중 한 가지 놀라운 것은 뇌의 다양한 부분들이 저마다 다른 기능을 수행함에도 불구하고 신피질의 구조에는 별다른 차이를 보이지 않았다는 점이다. 당신이 우뇌의 일부를 검사해볼 기회가 생긴다 할지라도 그 부분이 뇌의 어느 부분에 속하는지, 좌뇌인지 우뇌인지 쉽게 구분하지 못할 것이다. 전문가가 아닌 이상 뇌의 특정한 부분이 신피질의 어디쯤 위치하는지를 정확히 집어내기는 어렵다.

이는 좌뇌와 우뇌 간에 서로 구조적인 차이가 없다는 것을 의미한다. 신경 과학자들은 신피질의 어느 부분을 검사하던지 간에 여섯 겹의 신경 세포로 이루어진 막이 서로 같은 방식으로 연결되어 있다는 사실을 알아냈다. 그런 만큼 좌뇌와 우뇌의 논리적인 정보 처리 과정 사이에는 차이점보다는 유사점이 더 많음이 분명하다고 할 수 있다.

신경망이 일반적으로 그러하듯이 좌뇌와 우뇌 역시 패턴을 감지하고 정보를 분류하는 역할을 담당한다. 양쪽 뇌의 차이점이 있다면, 정보를 분류하는 순서와 기준이 다르다. 두 가지 취미활동을 예로 들어 설명해보자. 커다란 레고^{Lego} 경주용 차를 조립하는 것과 복잡한 직소 퍼즐을 맞추는 것을 상상해보자.

레고 모형을 조립할 때 우리는 대체로 하향식 접근법을 선택한다. 우선 자동차의 전반적인 구조를 이해하기 위해 조각들을 한번 살펴본다. 그리고 나서 자동차의 다양한 부분에 어느 조각들이 적합할지 색깔과 모양을 바탕으로 따져본다. 그다음에는 아마도 어려워 보이는 부분부터 맞춰보려고 할 것이다. 페어링^{fairing}이나 장식적인 부분은 나중에 맞추기로 하고, 일단 바퀴나 자동차의 몸체부터 맞춰볼 것이다. 이 과정의 매 단계마다 우리는 자동차의 어느 부분을 맞추고 있으며 어떤 이유로 그 부분을 맞추고 있는지 잘 알고 있다. 조각을 하나씩 맞춰나갈 때마다 경주용 차는 더욱 분명하게 제 모습을 갖춰나갈 것이다. 이것이 바로 하향식 접근법(사고)의 예이다.

이제 이러한 접근법을 직소 퍼즐을 맞출 때 선택하는 상향식 접근법과 비교해보자. 퍼즐을 맞출 때의 관건은 '어느 조각과 어느 조각이 서로 맞물리는지' 알아내는 일이다. 우선 퍼즐 조각들을 대충 분류해두고 색깔과 모양에 따라 나누는 작업을 거쳐야 한다. 그다음에는 네 개의 모서리와 가장자리에 쓰일 조각들을 찾아내어 모양과 색깔의 미묘한 차이를 살펴가며 특정 모서리와 이어지는 가장자리에 어떤 조각들이 들어맞을지 맞춰봐야 한다. 특정한 모서리에 들어맞는 조각들을 찾고 나면, 방금 끼워 맞춘 조각들과 맞물리는 새로운 조각들을 찾는 작업을 이어나간다. 더는 손쉽게 맞출 수 있는 조각이 남아 있지 않을 때까지 이 과정을 진행하면 된다. 퍼즐의 틀을 완성할 때까지 다른 모서리에 대해서도 이와 같은 작업을 반복한다.

퍼즐의 틀을 완성하고 나면 남아 있는 부분 중 가장 쉬운 부분을 먼저 맞추게 된다. 대부분의 퍼즐에서는 완성된 그림이 어떻게 생겼는지 알기 때문에 그 그림을 보고 어느 부분이 쉬워 보이는지 가늠할 수 있다. 그것이 그림상의 선일 때도 있고, 아주 작은 부분에서만 나타나는 특정한 색조일 때도 있다. 퍼즐을 맞출 때 더 어려운 일에 도전하고 싶은 마음에 일부러 박스에 그려져 있는 그림을 보지 않는 사람들도 있는데, 이런 사람들이야말로 진정으로 상향식 접근법을 이용하는 사람들이다.

퍼즐을 한 부분씩 맞출 때마다 서로 맞물리는 조각들을 찾는 일이 점점 더 어려워지게 된다. 이러한 현상은 대체로 찾는 조각들의 모양과 색깔이 매우 유사할 때 일어난다. 이렇게 퍼즐을 맞추다가 막히는 순간이 오면 일단 다른 부분으로 넘어가서 상대적으로 짜맞추기 쉬운 조각들을 찾게 되기 마련이다. 퍼즐 조각을 맞춰나갈 때마다 남아 있는 조각의 수가 줄어들어 특정한 빈자리에 들어갈 조각을 찾는 일이 더 쉬워지고는 한다. 이것이 처음에 퍼즐을 맞추기 시작할 때는 작업 속도가 빠르다가, 더 어려운 부분을 맞출 때는 다시 속도가 줄고, 남은 조각들이 순식간에 하나의 큰 그림으로 완성되는 마지막 즈음에 다시 속도가 나는 이유이다.

레고 경주용 차를 조립하는 것과 직소 퍼즐을 맞추는 것의 중요한 차이점은 경주용 차를 조립할 때는 '각각의 레고 조각이 자동차의 어디쯤 위치하는지'와 각 부분이 자동차의 전체적인 구상과 맞아떨어지는지 확인하는 것이 관건이라는 점이다. 자동차를 조립하는 내내 당사자는 현재 어떤 부분을 맞추고 있는지 의식하고 있을 뿐만 아니라 그 부분이 자동차에 어떻게 들어맞게 되는지도 알고 있다.

반면, 상향식 접근법을 이용해 직소 퍼즐을 맞출 때는 어느 조각이 그림의 어디쯤에 위치하는지 알아내는 일이 중요한 것이 아니라 '특정 조각이 나머지 조각들과 어떻게 연결되는지, 각각의 조각들이 서로 어떻게 들어맞을 수 있는지'를 찾아내는 일이 중요하다. 레고 경주용 차를 조립할 때는 자동차가 어떤 형태를 갖추고 있는지 머릿속에 먼저 그린 상태에서 작업을 시작하지만, 직소 퍼즐을 맞출 때는 흩어져 있는 조각들 중에서 서로 맞물릴 가능성이 제일 높아 보이는 것들끼리 맞춰보며 작업을 시작한다.

우뇌의 상향식 사고는 때로는 순식간에 결과물을 내놓기도 한다. 마치 퍼즐을 맞추는 마지막 단계에서 모든 조각이 한순간 서로 일사분란하게 맞물려지며 그림을 완성하는 모습과 비슷한 과정을 거치는 것이다. 이 같은 현상은 퍼즐 조각들이 상향식 사고 과정을 통해 어떤 방식으로 들어맞게 되는지를 좌뇌가 이해하지 못하기 때문에 마음속에 느닷없이 떠오르는 느낌이나 직관처럼 여겨지는 경우가 많다.

| 시간적인 압박을 해소하는 직관의 힘

나는 좌뇌 지배형인 사람들이 스스로의 직관을 신뢰하는 것을 대단히 어려워한다고 생각한다. 이러한 사람들은 좌뇌의 영향력이 막강한 만큼, 특정한 행동을 하게 된 이유에 대한 설명을 듣고 싶어한다. 우뇌가 그러한 설명을 제대로 제시할 수 있을 때 좌뇌는 매우 만족해하지만, 직관이 느낌이나 낌새, 신체적인 감각 등의 형태로 나타날 경우 좌뇌 지배형 사람들은 이를 신뢰하기 어려워한다. 요약하면, 좌뇌는 판단을 뒷받침할 근거를 요하는데,

이러한 근거가 제시되지 않았을 경우 직관력을 신뢰하지 못하게 된다. 이러한 문제는 거래 실력을 향상시키는 데 커다란 장애물로 작용할 수 있다.

그러나 좌뇌 지배적인 성향이 심한 사람들에게서도 우뇌가 우세한 움직임을 보일 때가 있다. 리즈대학교 경영대학원에 있는 '조직적 전략, 학습과 변화 센터'의 책임자 제라드 호킨슨Gerard Hodgkinson 교수에 따르면, 사람들은 대체로 시간에 쫓기거나 지나치게 많은 양의 정보에 노출되거나 극심한 위험에 처하게 될 때 직관이 진정으로 제 기능을 발휘하는 것을 경험하게 된다. 이러한 환경에서는 상황을 의식적으로 분석하는 일이 매우 어렵거나 아예 불가능해지기 때문이다.

호킨슨 교수는 놀랍게도 판지오와 비슷하게 레이스 도중 브레이크를 직관적으로 밟은 한 포뮬러 원 카레이서의 경험에 대해 다음과 같이 설명한다.

그 카레이서는 자신이 왜 차를 멈춰야 한다고 느꼈는지 설명하지 못했다. 그러나 그 레이스에서 우승하고 싶은 욕망보다 브레이크를 밟고 싶은 충동이 훨씬 컸던 것만큼은 분명했다. 레이스가 끝나고 나서 심리학자들은 그 선수가 브레이크를 밟았던 순간의 경험을 되살릴 수 있도록 레이스 영상을 보여주며 법의학적 분석을 실시했다. 당시에는 몰랐지만 영상을 보고 나니, 그는 커브길에 다다르면서 관중들이 평상시처럼 자신을 응원하지 않고 자리에 얼어붙은 채 굳은 얼굴로 반대쪽을 쳐다보고 있었다는 사실을 깨달았다. 그것이 그가 브레이크를 밟게 된 계기였다. 그 선수는 이러한 사고 과정을 의식하지는 못했지만, 무엇인가가 잘못되었다는 사실을 알아차렸고 그 덕분에 자동차를 제때 멈출 수 있었다.

브레이크를 밟고 싶은 충동이 아주 강했음에도 불구하고, 판지오처럼 이 선수 역시 신기하게도 브레이크를 밟기까지의 사고 과정에 대한 의식이 없었다. 자동차를 멈추고 싶은 충동이 우뇌의 상향식 사고로부터 나온 경고로 인한 것이나, 이는 사실 좌뇌의 의식적인 사고 과정과의 상호 작용을 통해 '충동'이라는 형태로 카레이서에게 전달된 것이다. 그러나 이러한 충동이 카레이서가 관중을 훑어보며 '관중들이 이쪽 방향을 보지 않고 등을 돌리고 서 있다는 것이 참으로 이상하군'이라고 생각하고 난 후, '사고가 난 것이 틀림없어'라는 의식적 결론을 내리는 과정을 거쳐 형성되지는 않았다. 이러한 사고 과정을 거치려면 아마도 많은 시간이 소요되었을 것이다.

뇌는 이보다 훨씬 짧은 경로를 택하여 당사자에게 메시지를 전달했다. 우뇌가 위험 신호를 순식간에 감지하고 좌뇌를 우회하여 위험에 직면했다는 사실을 대뇌변연계에 알리고, 그것이 충동의 형태로 나타난 것이다. 이러한 강렬한 느낌은 카레이서에게 발을 브레이크에 대도록 지시한 뇌의 일부분과 직접적인 상호 작용을 거쳐 브레이크를 급작스럽고 세게 밟는 행동으로 이어졌다. 그 선수에게는 행동을 취하기까지 요구되는 좌뇌의 논리적인 사고 과정을 거칠 시간적인 여유가 없었다. 당장 행동을 취해야만 했던 데다가 우뇌가 정상적인 의사 결정 과정을 건너뛸 수 있을 만큼 충분한 양의 정보를 갖고 있었기 때문에 좌뇌가 우뇌의 직관을 논리적으로 검증하는 과정이 생략된 것이다. 그 선수는 나중에서야 비로소 우뇌가 무엇을 포착했었는지 깨달았다.

만일 이 카레이서가 신인이었거나 이 날이 처음으로 출전하는 큰 대회였더라면, 우뇌가 관중이 보인 태도와 비교할 만한 정보를 충분히 보유하지 못했을 가능성이 크다. 그랬을 경우 이 선수가 관중이 평소와 다른 모습으로 트랙을 보고 있었다는 사실을 눈치채지 못했을지도 모른다. 경험 부족이 하마터면 심각한 사고로 이어질 뻔한 아찔한 순간이었다.

이것이 바로 트레이더들이 직관을 훈련해야 하는 이유 중 하나다. 경험이 충분하지 못하거나 우뇌에 충분한 수의 거래 사례를 제공하지 못하나면, 경험이 많은 트레이더들과 달리 특정한 패턴을 정확하고 신속하게 인식할 수 없을 것이다. 이는 우뇌의 직관으로부터 아무런 경고도 받지 못한 채 문제에 직면하게 될 확률이 높아진다는 의미이기도 하다. 또한, 경험이 많은 트레이더라면 생각할 필요도 없이 손쉽게 포착했을 기회조차도 놓치는 일이 잦아질 수밖에 없다.

상황을 의식적으로 분석하는 일이 어렵거나 불가능할 때, 진정으로 직관적인 경험을 하게 된다고 설명한 호킨슨 교수의 말을 떠올려보자. 극심한 시간적인 압박에 시달릴 때면 의식적으로 상황을 분석할 시간이 없게 마련이다. 또한, 너무 많은 양의 정보를 지니고 있는 경우에도 그 정보를 의식적으로 분석하는 일이 불가능해진다. 다시 말해, 정보 과다 혹은 시간적인 압박으로 인해 정보를 일일이 분석하는 작업이 불가능할 때 직관이 치고 들어와 본연의 임무를 다하기 시작하는 것이다.

때로는 시장이 너무 빠른 속도로 돌아가는 탓에 거래에 관한 결정을 내리기 전에 생각을 정리할 시간적인 여유가 없을 수도 있다. 특히 주가가 폭락하거나 예상하지 못했던 상황이 발생할 경우 어떤 행동을 어떤 이유로 취해야 하는지 제대로 분석할 시간이 없을지도 모른다. 그러나 직관을 사전에 훈련해두었다면, 이런 순간이 찾아왔을 때 크게 힘들이지 않고 직관을 신뢰할 수 있다. 직관에 의지함으로써 곧 닥칠 위험에 대비해 스스로를 구해낼 수 있다.

판지오와 또 한 명의 카레이서가 급작스럽게 브레이크를 밟았던 일화에서는, 우뇌가 무엇인가가 잘못되었다는 사실을 감지함으로 인해 일련의 사건이 전개되었다. 무슨 일이 일어나고 있는지 의식적으로 분석할 수 있는 시간이 주어지지 않았기 때문에 우뇌가 좌뇌의 의식적인 사고를 우회하여 재빠른 반응을 유도해낸 것이다. 우뇌는 대뇌변연계에 위치한 감정 통제 센터로 강하게 느껴지는 '감'을 곧바로 보냄으로써 무엇인가가 잘못되었으니 브레이크를 당장 밟는 것이 최선의 선택이라는 메시지를 전달한 셈이다.

┃ 결단력이 필요한 순간에 결정적 우위를 갖는 직관

제대로 된 훈련을 거친 우뇌가 내보내는 신호들은 대개 느낌의 형태로 나타난다. 이러한 느낌은 대뇌변연계가 담당하는 영역으로서 대뇌변연계의 가치평가 및 선호도 판단 메커니즘의 일부이기도 하다. 어떤 행동방침 또는 선택사항을 선호하는가? 어떤 종류의 음식이 먹고 싶은가? 어떤 색깔이 마음에 드는가? 어떤 향기를 맡았을 때 좋은 생각이 떠오르는가? 이러한 질문들에 대답하는 데 이용되는 선호도 판단 및 순위 설정 시스템은 의식적인 사고를 벗어난 범위에서 우뇌가 특정 대상에 대한 순위를 매길 때 사용하는 시스템과 동일한 경우가 많다.

살다 보면 특정한 대상 혹은 사람에게 알 수 없는 이유로 끌릴 때가 있다. 이와 반대로 이유를 분명하게 설명하지는 못하더라도 특정한 물건이나 냄새, 혹은 사람에 대해 강한 혐오감을 느낄 때도 있다. 누군가를 만나거나 특정 장소를 방문했을 때 '느낌이 좋다' 라던가 '느낌이 안 좋다' 라는 표현을 사용하는 것이 바로 그런 예이다. 우뇌가 사고 과정을 거쳐 내놓은 결과물은 일반적으로 의식적인 사고와 직접적으로 연결되어 있다. 이러한 연계성은 우리가 감각을 통해 보거나 들은 특정한 생각이나 물건에 우뇌가 주목하게 되면서 생겨나게 된다. 우뇌는 이 같은 작업을 수행하는 데 매우 능하기 때문에 관찰하고 알아채는 일을 아주 훌륭하게 소화해낸다. 상향식 사고는 보통 관찰에 따른 의견을 결과물로 내놓는데, 이는 여러 가지 현상들 간의 인과관계 혹은 연관성을 특징으로 하는 단편적인 생각들을 하나로 완벽하게 모아

놓은 집합체이다.

　우뇌는 특정한 현상이 다른 특정 현상보다 앞서 일어난다는 사실을 감지하는 능력도 갖고 있다. 한 예로 봄비가 내리기 전 나무들이 자라는 모습이 눈에 띈다는 것을 우뇌는 알아챌 수 있다. 또는 직장 동료 중 한 명이 금요일 아침에 지각을 자주 하며, 목요일 저녁마다 집에서 포커 게임을 주선한다는 사실을 알아낼 수도 있다. 이런 경우 우뇌는 두 가지 현상 간의 잠재적인 인과관계를 파악해낸 셈이다.

　거래를 할 때도 이런 경험을 할 수 있는데, 특정한 현상을 관찰하고 나서 다음과 같은 생각이 들 수 있다 '흠, 그것 참 이상하군. 주가가 수직에 가까운 상승세를 보일 때면 차트상에서 갭*이 생기는 경우가 많은 것 같은데.' 이 같은 의식적인 관찰은 전혀 감당하기 어렵지 않다. 선형적인 '좌뇌식' 사고방식과 제법 매끄럽게 연동하기 때문이다.

　하지만 이와 달리 의식의 테두리를 벗어나 직관적으로 얻는 느낌은 모든 행동과 생각에 대한 설명을 추구하는 좌뇌 지배형인 사람들로서는 감당하기에 어려운 문제이다. 이들은 대개 결정을 내리기 전에 생각과 생각 사이의 연결점을 의식적으로 찾을 수 있어야 직성이 풀린다.

---

* 최고가를 형성한 거래일의 봉과 그 다음 거래일의 봉 사이에 뜨는 공간―옮긴이

이를 세계 최정상급 운동선수들이 의식적 결정이 아닌 직관과 무의식을 활용하여 움직이는 방식과 비교해보자. 전성기를 구가하는 스포츠계의 전설적인 선수들은 종종 플레이가 '물 흐르듯' 매끄럽게 흘러가는 순간이나 완전히 몰입하여 '신들린 듯한 경기를 펼치는' 순간에 대해 이야기하고는 한다. 이러한 순간이 찾아오면 마치 시간이 천천히 흐르는 것처럼 느껴지고, 경기가 힘들이지 않고도 술술 풀려나가는 것처럼 느껴진다고 한다. 이렇듯 플레이가 물 흐르듯 흘러가는 순간을 경험하게 되는 재능이 뛰어난 선수들은 수년간 연습을 해왔기 때문에 운동 기능을 관장하는 중추와 신경계가 최상의 경기 능력을 보이기 위해서 어떤 행동을 취해야 하는지 이미 알고 있는 것이다.

그러나 제아무리 뛰어난 선수라 할지라도 의식적인 의사 결정이 절정에 오른 경기 능력에 방해 요소로 작용할 때가 있다. 하지만 이러한 순간에 신체의 통제권을 우뇌에게 넘겨줄 의향이 있다면 수년 간의 훈련을 통해 얻은 기술을 본능적으로 발휘할 수 있을 것이다. 열심히 훈련하고 충분한 수의 경기를 소화한 운동선수의 우뇌는 무엇을 해야 할지 이미 알고 있다. 그러므로 이러한 순간에는 의식적인 의사 결정이 요구되지도 않을뿐더러, 이는 오히려 결정을 더디게 하는 요인으로 작용한다.

후안 판지오는 자동차 경주를 하면서 운전을 본능에 맡겼다. 1950년 모나코 그랑프리를 제외하고도 그는 다른 세 번의 레이스에서 사고를 면한 것으로 유명하다. 그 중 두 번은 우승을 차지하기까지 했다. 판지오는 다른 자동차들의 미세한 움직임을 통해 선수들의 의도와 기술 수준을 감지해내는 능력이 있었다. 그는 선수들 본인보다도 먼저 그들이 곧 위험에 빠지리라는 사실을 알아챘다. 이러한 능력이 판지오로 하여금 사고를 미리 예측하고, 생각할 틈도 없이 빠르게 대처하여 다른 사고들에서도 무사할 수 있도록 도와주었다.

1953년 몬차에서 열린 이탈리아 그랑프리에서 알베르토 아스카리Alberto Ascari와 '주세페 박사Dr. Giuseppe'로 통하던 니노 파리나는 마지막 바퀴에서 판지오를 앞서고 있었다. 그런데 두 레이서는 다른 선수를 앞지르려다 서킷을 이탈해 충돌하였고, 그 뒤를 쫓아가던 판지오는 사고 지점을 피해 선두로 질주하여 결국 우승 트로피를 거머쥐었다.

한편, 1955년 르망에서 열린 대회는 비극적인 경주로 유명하다. 랜스 맥클린Lance Macklin이 몰던 오스틴 힐리가 피트*로 진입하려고 속도를 늦추던 재규어를 피하기 위해 방향을 급하게 틀었다. 새로운 디스크 브레이크를 장착한 재규어가 낡은 드럼 브레이크를 달았던 오스틴 힐리보다 훨씬 빠른 속도로 정지한 것이 화근이었다. 피에르 르베그Pierre Levegh가 몰던 메르세데스 벤츠가 속도를 줄이던 맥클린의 오스틴 힐리를 뒤에서 들이받고는 공중 분해된 뒤 관중석으로 날아가 80명의 사망자를 냈다. 판지오

---

* 자동차 경주 도중 급유, 타이어 교체 등을 하는 장소─옮긴이

는 르베그의 뒤를 바짝 따라오고 있었는데도 재규어와 사고를 모두 피해 무사히 경주를 계속할 수 있었다.

1957년 모나코 그랑프리 두 번째 바퀴에서는 스털링 모스 Stirling Moss가 선두를 달리다가 장벽을 들이받는 사고가 발생했다. 마이크 호손Mike Hawthorn, 피터 콜린스Peter Collins, 판지오 모두 그 뒤를 바짝 쫓아오고 있었다. 호손과 콜린스는 연쇄 충돌에 휘말렸지만, 판지오는 놀랍게도 자동차 세 대를 모두 피했다. 판지오는 또 한 번 레이스에서 우승자가 되었고, 결국 그 해 포뮬러 원 챔피언십을 차지하기에 이르렀다.

사고를 면한 판지오의 놀라운 능력은 그가 반사 신경이 뛰어난 데서 비롯되었을 뿐이라고 생각하는 사람들이 있을지도 모르겠다. 하지만 판지오는 일반적인 카레이서보다 나이가 훨씬 많았다. 그는 만 38세가 되어서야 포뮬러 원에 발을 들여놓았고, 1957년 모나코 그랑프리에 출전할 당시의 나이는 무려 45세였다. 판지오는 반사 신경이 뛰어난 것이 아니라 본능이 잘 발달해 있으며 직관이 뛰어난 것이다.

이와 같은 원칙들은 정상급 거래의 세계에도 똑같이 적용된다. 베테랑 트레이더들은 우뇌를 교육시키기 위해 훈련하고 공부한다. 판지오처럼 뛰어난 본능과 직관을 지니기 위해서다. 남들보다 직관을 활용한 경험이 더 많기 때문에 이들은 직관을 믿을 수 있다는 사실을 알고 있다. 이는 위험이 닥치거나 시장에 기회가 발생해 결단력 있는 행동을 취해야 할 때 결정적인 우위를 점할 수 있게 해준다.

이어지는 장에서는 당신도 베테랑 트레이더가 되도록 직감을 발달시키고 올바른 훈련을 통해 거래 능력을 키우는 방법에 대해 알아보기로 하자.

제6장

거래에 요구되는 지적 능력

TRADING FROM YOUR GUT

> "직관과 개념은 우리가 지닌 모든 지식의 기본 원리들로 형성된다.
> 따라서 직관 없이 개념의 힘만으로 또는 개념 없이
> 직관만으로는 지식을 산출할 수 없다."
>
> ― **임마누엘 칸트**(Immanuel Kant)

6

Trading
Smarts

내가 거래의 세계에 발을 막 들여놓았을 때, 리처드 데니스는 자신이 심혈을 기울여 연구한 여러 가지 거래 기법을 동원하여 나를 훈련시켰다. 게다가 소액의 거래 계좌로 연습한지 불과 한 달 만에 무려 200만 달러나 들어 있는 계좌를 내어주기도 했다. 나는 참으로 운이 좋았다.

이 책을 읽고 있는 독자들은 아마도 나만큼 운이 좋기는 어려울 것이다. 따라서 자신만의 거래 기술을 개발할 필요가 있다.

이 과정에서 좌뇌의 역할을 무시해서는 안 된다. 직관과 지력을 둘 다 활용하여 거래하고 싶다면 양쪽 뇌를 모두 사용하는 거래 기법을 선택해야 한다. 지력만을 사용하는 시스템 트레이더들은 직관을 무시함으로써 엄청난 잠재 수익을 놓치고 있는 셈이다. 이는 지력을 이용하지 않고 결정을 내리거나 아예 무시하려고 하는 재량적 트레이더들의 경우에도 마찬가지다. 이들은 거래의 기반이 되는 합리적인 틀을 마련하는 작업을 소홀히 하는 사람들이다.

어떤 거래 기법이든 탄탄한 지적인 틀에 기반을 두어야 한다. 6장에서는 이어지는 여러 장에서 예로 사용할 특정한 거래 기법의 기초적인 사항들을 짚고 넘어갈 예정이다. 나는 기초부터 차근차근 다져나가는 방식을 좋아하는데, 우선 해당 거래 기법의 근본적인 원리가 무엇인지 알아보고 거기에서부터 전략을 세워 나가려고 한다. 특정한 거래 기법의 초석을 다지는 데 있어 맨 처음으로 해야 할 일은 당신에게 적합한 거래 기법을 찾아내는 일이다.

| 수익 가능성이 높은 거래 기법

2001년에 거래를 재개했을 때, 나는 온라인상에 거래 토론 포럼을 개설했다. 이미 활동 중인 트레이더들과 트레이더가 되고자 하는 사람들이 경험이 더 많은 선배들에게 질문을 올릴 수 있는 공간이었다. 포럼에는 나에게 질문을 던지는 사람들이 상당히 많았다. 그중에는 터틀 시절에 사용했던 거래 기법에 관한 구체적인 질문들도 있었는데, 이런 질문들은 차라리 대답하기가 쉬웠다. 우리의 성공 신화를 모방하려는 트레이더들은 더 어려운 질문을 올리고는 했다. 이들은 장기 추세 추종자가 되고자 하는 사람들이었다.

나는 질문을 올린 사람들에게 사실대로 이야기해줘야 했다.

대부분의 사람들에게는 장기적인 추세 추종 전략이 거래를 성공적으로 할 수 있는 방법으로서 적합하지 않은데, 그 이유는 다음과 같이 세 가지로 요약해볼 수 있다.

1. 대부분의 사람들은 많은 수익을 창출할 수 있을 만큼의 투자금을 보유하고 있지 않다.
2. 터틀들이 사용했던 것과 똑같은 기법을 이용하여 내가 터틀 시절에 기록했던 것처럼 연평균 100%의 수익을 올리기란 불가능하다.
3. 장기적인 추세 추종 전략을 이용하여 거래를 하기 위해서는 자본감소drawdown기간을 견뎌낼 배짱이 있어야 한다. 대부분의 사람들은 이 힘든 시기를 견뎌낼 수 있는 체질이 아니다.

좌뇌와 우뇌를 골고루 활용하지 않는 시스템을 이용해 거래하려고 애쓰는 것은 헛수고일 뿐이다. 양쪽 뇌뿐만 아니라 타고난 심리적 기질과도 조화를 이룰 수 있는 거래 기법을 찾아야 한다. 대부분의 트레이더들에게 오래된 터틀식 방법은 올바른 해답이 아니다.

추세 추종이 대부분의 사람들에게 적합한 방식이 아니라면, 과연 어떤 종류의 거래가 적합한 것인가?

며칠 혹은 몇 주에 걸쳐 거래를 하는 스윙 트레이딩이 적합한가? 아니면 몇 분 혹은 몇 시간 안에 거래가 이루어지는 데이 트레이딩이 적합한가? 다행스럽게도 대부분의 트레이더들은 단한 가지 선택만을 남겨두게 되기 때문에 어렵지 않게 결정을 내릴 수 있다. 대다수의 트레이더들에게는 스윙 트레이딩이 자연스러운 선택이다.

데이 트레이딩은 거래에 온종일 시간을 바쳐야 하기 때문에 풀타임으로 일하면서 부업으로 거래를 하는 트레이더들에게는 이상적인 방식이 아니다. 대부분의 트레이더들은 시간을 몽땅 잡아먹지 않을 거래 기법을 필요로 한다. 거래 기술을 연마하고 거래만으로도 생계 유지가 가능할 만큼 투자금을 늘릴 때까지는 거래는 파트 타임으로 하면서 다른 직업을 갖고 스스로를 부양할 시간적인 여유가 있는 기법을 찾아야 한다.

데이 트레이딩은 신속한 판단력과 의사 결정 능력을 요하기도 하는데, 이러한 능력을 보유하고 있는 트레이더는 실제로 많지 않다. 왕성하게 활동하는 트레이더들도 수년 혹은 수십 년씩 거래에만 매달려온 전문적인 트레이더들과 경쟁하며 돈을 벌 수 있을 만큼 빠른 시간 안에 시장에 반응하는 것을 힘들어한다. 물론 데이 트레이딩의 스피드를 즐기는 사람들도 있는데, 나는 이런 부류에 속하지 않는다. 내 개인적인 견해로 데이 트레이딩은 온종일 주가에 신경을 너무 많이 써야 하고 다른 활동을 할 시간을 많이 남겨주지 않는다.

이 같은 이유로 인해 스윙 트레이딩이 대다수의 트레이더들이 수익을 올릴 가능성이 가장 높은 거래 기법이라고 할 수 있다. 적은 투자금으로도 거래가 가능하며, 시간을 몽땅 잡아먹지도 않을뿐더러 번개처럼 재빠른 반응을 요하지도 않는다. 스윙 트레이딩은 나의 개인적인 생활 패턴과도 잘 어울린다. 거래를 얼마간 하다가 다른 일을 해야 할 때는 잠시 쉴 수도 있다. 낮에는 가만히 앉아서 시장이 특정한 시그널을 보이기를 기다리는 일이 대부분이므로 다른 일을 할 시간적인 여유가 생긴다. 관심을 두고 있는 활동이 많은 만큼 나에게는 이러한 방식이 잘 맞는다고 생각한다.

스윙 트레이딩은 양쪽 뇌를 골고루 활용할 때 탁월한 효과를 보이는 거래 기법 중 한 가지이기도 하다. 한쪽 뇌만 사용할 때보다 직관도 같이 이용할 때 더 많은 기회를 포착할 수 있을 것이다. 결국, 스윙 트레이딩은 지력과 직관을 모두 사용할 때 가장 큰 효과를 발휘한다.

| 기회의 원천이 되는 전략을 수립하라

믿을 만한 방법으로 시장에서 수익을 꾸준히 올리는 몇 인 되는 사람들 중 하나가 되고 싶다면, 다른 트레이더들을 상대로 우위를 점할 수 있게 해주는 전략을 찾을 필요가 있다. 이러한 전략을 세우기 위해서는 제4장에서 배운 기본적인 지식을 서로 조합해가며 수익을 창출할 방법을 찾아내야 한다. 이제 좌뇌와 우뇌가 각각 자신 있게 수행할 수 있는 기능을 십분 활용하는 전략을 수립해보고자 한다.

이 거래 기법은 아주 기초적인 사항에 바탕을 두고 있다. 우선 인간의 심리야말로 모든 성공적인 거래의 기반이 된다는 사실을 떠올려보자. 시장은 상호 작용하는 여러 명의 호모 사피엔스 Homo sapiens들로 구성되어 있으며, 이들은 저마다의 계획을 가지고 거래에 임한다. 컴퓨터 네트워크나 컴퓨터 프로그램의 도움을 받는다 하더라도 어느 거래든 그 뒤에는 특정한 알고리즘을 이용하여 컴퓨터에게 명령을 내리는 한 명의 개인 트레이더가 자리잡고 있다. 시장을 제압하려면 이러한 트레이더들의 동기와 매매를 자극하는 요인, 매매 타이밍에 대해서 우선적으로 알아야 한다. 그다음에는 시장 참가자들이 집단적으로 시장에 가격을 잘못 매기는 시점, 즉 시장이 '올바른' 가격을 형성하고 있지 않은 시점을 찾을 필요가 있다.

사람들, 특히 경제학자들은 시장이 항상 '올바른' 가격을 반영한다고 즐겨 말하곤 한다. 이는 효율적 시장 가설efficient-market hypothesis의 결론 중 하나이기도 하다. 시장이 알려진 정보를 이미 다 반영했으므로 새로운 정보에 신속하게 대응한다는 내용을 골자로 하고 있다. 따라서 이러한 주장을 내세우는 경제학자들은 시장에서 수익을 꾸준히 창출하기는 불가능하다고 여긴다. 그럼에도 불구하고 성공적인 트레이더들이 존재하는 이유는 그들에게 그저 운이 따랐기 때문이라고 생각하는 것이다.

베테랑 트레이더들은 호모 사피엔스들이 완벽하게 합리적이지 않다는 사실을 알고 있다. 우리에게는 감정이 있고, 두려움을 느끼거나 지나치게 확신하는 순간도 있으며, 인지적 편견을 드러내는 경우도 있다. 그러므로 가격이 항상 '올바르다'고 할 수는 없는 노릇이다.

시장에서 믿을 만한 방법으로 돈을 벌기 위해서는 반복적으로 나타나는 심리적인 시장 현상을 알아볼 줄 알아야 한다. 시장 가격이 마치 시장 참가자들의 과잉 또는 과소 반응을 '이미 반영한' 것처럼 여겨지는 현상을 파악하고, '그러한 반응에 반하여 거래를 하거나' 이전에 나타났던 시장 참가자들의 행동으로 미루어보아 과잉 혹은 과소 반응을 '예상'할 줄 알아야 한다. 다시 말해, 트레이더들의 과잉 또는 과소 반응을 예측하거나 그에 적절하게 대응한다면 수익을 거둘 수 있다. 시장 가격 자체를 예측하기란 매우 어려운 일이지만, 시장 가격에 대한 사람들의 반응은 상대적으로 예측하기가 쉽다. 하지만 가장 쉬운 일은 '무슨 일이 벌어졌는지 살펴보고 이미 존재하는 시장 상황에 대응하는' 것이다.

 시장이 과잉 반응을 보일 때면 주가가 '올바른' 수준으로 되돌아갈 것으로 예측함으로써 수익을 올릴 수 있으며, 시장이 과소 반응을 보일 때도 마찬가지다. 각각의 경우에서 말하는 '올바르다'는 개념이 서로 다르다는 점에 주목할 필요가 있다. 주가가 상승세를 타는 것에 대해 시장이 과소 반응을 보일 때에는 '올바른' 주가 수준이 시장 가격 위에 위치하므로 시장 가격에 주식을 사서 주가가 '올바른' 수준으로 돌아갈 때까지 기다리면 된다. 만일 시장이 과잉 반응을 보이는 경우라면 '올바른' 주가 수준이 시장 가격 아래에 위치하므로 시장 가격에 주식을 팔고 나서 주가가 '올바른' 수준으로 되돌아갈 때까지 기다리면 된다.

▮ 잠재적 수익의 근원이 되는 시장의 창발적 행동

대부분의 주식에 대한 시장의 반응은 수천 명의 개인 트레이더와 투자자들이 보이는 행동의 집합체에 비유할 수 있다. 이러한 행동의 집합체는 개개인의 행동을 단독으로 분석해볼 때는 분명하게 눈에 띄지 않는 일관성을 반복적으로 보이는 경우가 많다. 이처럼 개인들이 상호작용을 통해 드러내는 행동으로부터 더욱 복잡한 행동이 탄생하는 경우를 자연에서도 찾아볼 수 있는데, 이는 **창발 시스템**emergent system이라는 현상으로서 연구되어 왔다.

창발 시스템에서 비롯된 행동 중 흔히 찾아볼 수 있는 두 가지 예는 바로 물고기떼와 새떼이다. 두 가지 경우 모두 많은 수의 개별적인 물고기와 새가 집단의 움직임과 자신의 움직임을 맞춤으로써, 전체가 하나의 공통된 생각을 지니고 움직이는 것처럼 보이게 된다. 창발 시스템을 연구하는 과학자들은 간단한 컴퓨터 알고리즘을 이용하여 이와 비슷한 행동을 모델화했다. 이들은 개개인에게 간단한 규칙만 정해주어도 집단적인 수준에서는 매우 복잡해 보이는 행동이 나타나기에 충분하다는 사실을 증명했다.

떼 지은 물고기 몇 마리가 자신들과 가장 가까이 위치한 다른 물고기들이 향하고 있는 방향을 따라 움직이기만 하더라도, 더 큰 물고기떼가 드러내는 행동과 아주 유사한 모습을 보이게 된다는 사실이 모의 실험을 통해 밝혀졌다. 이는 **창발적 행동**의 대표적인 예이며, 여러 물고기떼가 합쳐진 큰 물고기떼는 **창발 시스템**의 대표적인 예이다.

시장과 연관된 창발적 행동 역시 이와 거의 비슷한 방식으로 나타난다. 단독으로 살펴볼 때는 각각의 개인 트레이더와 투자자가 비교적 단순하고 이해하기 쉬운 행동을 나타내는 것처럼 보이지만, 시장 전체로서 드러내는 행동을 살펴보면 시장이 마치 별개의 독립체처럼 느껴지는 경우가 많다. **시장에서 반복적으로 나타나는 창발적 행동이야말로 잠재적인 수익의 근원이다.** 그러므로 시장에서 효과적으로 거래를 할 수 있는 방법에 대해 배우기 위해서는 우선 창발적 행동이 무엇인지, 그리고 그러한 행동의 원동력이 무엇인지를 이해할 필요가 있다.

제4장에서는 사이클, 시장의 관성과 모멘텀, 도취와 절망 등으로 요약되는 가장 중요한 창발적 행동을 다루었다. 이러한 기초적인 지식만 제대로 활용하더라도 수익을 낼 수 있다.

이러한 요소들을 이용하여 좌뇌의 지력과 우뇌의 직관을 제대로 활용하는 방법을 보여주는 전략 중 하나가 바로 **리바운드 스윙 기법**rebound swing method이다. 그러나 이 거래 기법의 세부 사항들을 다루기에 앞서 어느 스윙 트레이딩 기법에서나 중요하게 여겨지는 요소들을 먼저 살펴보고자 한다.

| 스윙 트레이딩에 나서기 위한 준비

스윙 트레이딩의 핵심은 일일 주가 사이클의 변화를 간파하는 것이다. 매수자의 불안 심리가 우세하게 나타나는 기간에서 매도자의 불안 심리가 우세하게 나타나는 기간으로의 이행을 알아채는 기술이 필요하다. 사이클에 변화가 나타나는 것 자체만을 보고 거래에 나서기에는 무리가 있다. 모든 사이클이 좋은 거래 기회를 제공하는 것은 아니기 때문이다.

관찰해본 결과, 트레이더들이 가장 흔히 저지르는 실수 중 한 가지는 가능한 한 모든 종목에 손대고 싶어하는 것이다. 트레이더들 중에는 종목을 여러 개 선택하면 돈을 많이 벌 수 있을 것이라고 생각하는 사람들도 있다. 주식 거래를 많이 하면 할수록 수익도 더 많이 올릴 수 있을 것으로 여기는 것이다.

이러한 접근법의 문제점은 모든 거래가 동일한 환경을 지니고 있지 않다는 점을 간과했다는 점이다. 모든 시장 환경이 모든 거래 방식과 잘 어울리는 것은 아니다. 인내심을 가지고 시장을 눈여겨보다가 자신의 거래 능력에 적합한 순간이 왔을 때 기회를 포착할 줄 알아야 한다. 시장이 대폭락을 겪자마자 맞게 되는 시기는 거래에 나서기에 좋은 시기가 아닐 수 있다. 때로는 시장의 변동성이 진정될 때까지 기다리는 편이 나을 때도 있고, 때로는 변동성이 다시 모습을 드러낼 때까지 기다리는 편이 나을 때도 있다.

훌륭한 스윙 트레이딩은 해변가에서 서핑을 즐기는 것과 비슷한 이치이다. 서퍼들은 대부분의 파도가 흘러가도록 그냥 내버려 두고 탄탄하게 형성된 큰 파도가 올 때까지 기다린다. 그리고 파도가 형태를 막 갖추기 시작할 시점에 맞춰 서핑보드를 타고 들어간다. 너무 일찍 들어가면 파도가 위에서 덮칠 것이고, 너무 늦게 들어가면 파도가 서퍼를 앞으로 밀어주지 않고 그냥 지나쳐버릴 것이다. 이렇듯 모든 파도가 올라타기에 적합하지 않듯이, 모든 시장 사이클이 다 거래할 만한 잠재성을 지니고 있는 것은 아니다. 따라서 스윙 트레이딩에 적합한 전략을 세울 때는 시장에서 최적의 '파도'를 알아보는 방법과 함께 진입 시점을 감지하는 방법을 찾는 것이 목적이라고 할 수 있다.

항상 딱딱 맞아떨어지는 공식이 있는 것은 아니지만, 대체로 전체적인 주식시장이 정상적인 모습을 보일 때에는 일부 종목을 매매함으로써 거래에 성공할 가능성이 크다. 이럴 때야말로 거래에 나서기 적절한 시기이다. 베테랑 트레이더들은 시장 상황이 트레이더들에게 유리하게 흘러가는 시점을 정확하게 알아내기 위해 시장이 갖추어야 할 다음과 같은 기준들을 발전시키는 방법을 배운다.

- **시장 환경** | 주식시장이 상승세를 보일 필요가 있는가? 아니면 하락세나 횡보세를 보일 필요가 있는가? 주가 변동이 나타나는 것이 좋은가? 아니면 별다른 움직임 없이 조용한 편이 나은가?
- **거래에 나설 준비** | 거래에 나설 준비가 되었다는 것을 알려주는 조건들. 이 조건들은 대체로 여러 개의 단기 요인과 중기 요인들이 복합적으로 나타나는 형태를 취한다.
- **거래 촉발 요인** | 거래에 나설 때가 되었다는 것을 알려주는 구체적인 사건
- **시장에서의 퇴장을 유도하는 사건** | 시장에서 빠져나갈 때가 되었다는 것을 알려주는 구체적인 사건

그러면 이제부터 리바운드 스윙 기법의 구체적인 기준들에 대해 살펴보기로 하자.

| 전뇌(全腦)를 활용하는 거래의 이상적 모델이 되는 리바운드 스윙 기법

당신의 지력이 특정한 거래 전략을 받아들이기 원한다면, 견고한 전제를 바탕으로 해당 전략을 세워나가야 한다. 지력은 당신의 거래 전략들이 지적으로 탄탄한 원칙들에 기반을 두고 있기를 바란다. 이러한 원칙들을 의식적으로 분명하게 설명하지 못하거나 직관과 떨어뜨려 놓을 수 없다면 결정을 내릴 때 지력을 무시하게 되는 거나 다름없다. 거래할 때는 직관력과 지력을 둘 다 활용하는 것이 이상적인데, 좌뇌의 신뢰 없이는 확신에 찬 결정을 내리기가 어렵다.

리바운드 스윙 기법의 전제는 시장이 분명하게 나타나는 지지선 혹은 저항선을 방어하고 나서 방향을 튼 후 대개 해당 방향으로 수일간 움직인다는 것이다. 그러므로 이 특정한 스윙 트레이딩 기법은 박스장에 특히 적합하다고 할 수 있겠다. 리바운드 스윙 기법은 강세장이나 약세장이 형성되는 시기에 전반적인 추세를 따라 거래할 때에도 적합한 것으로 알려져 있다.

두뇌를 골고루 활용하는 거래는 이용하고자 하는 거래 기법의 이상적인 모델을 머릿속에 명확하게 그리는 것에서부터 출발해야 한다. 좌뇌의 역할은 이상적인 모델을 발전시키는 것, 즉 '완벽한' 거래가 있다면 그것이 어떤 모습일지를 머릿속에 그리는

그림 6.1 이상적인 리바운드 스윙 거래

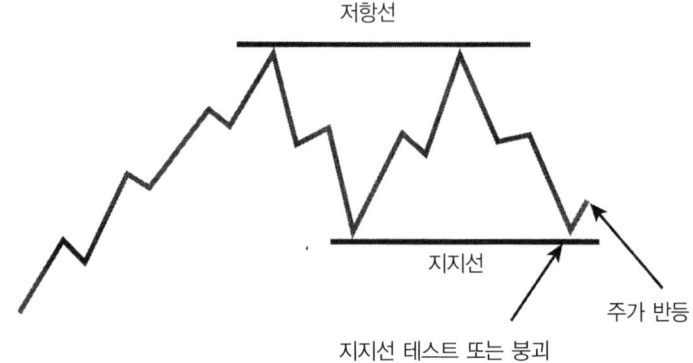

것이고, 우뇌의 역할은 이러한 모델에 가장 적합한 예를 찾는 것이다. 독자들의 이해를 돕기 위해 우선 리바운드 스윙 기법 모델을 제시함으로 설명을 시작하여 이상적 모델에 가까운 특정한 예를 보여줄 것이다. 그 다음에는 그 모델이 이상적 형태에 완벽하게 부합하지 않는 이유에 대해 설명하고, 그러한 차이점이 중요하지 않은 이유에 대해서도 다룰 예정이다.

그림 6.1은 이상적인 리바운드 스윙 거래에 해당하는 모델을 도식화하고 있다.

이 모델은 시장이 상승세를 보일 때의 리바운드 스윙 매수 거래를 그림으로 나타낸 것이다. 이 거래 기법의 기본 발상은 주가가 지지선을 방어하고 반등하기 시작했을 때 매수하는 것이다. 이 때 염두에 두어야 할 사항은 시장에 진입하는 리스크보다 지지선과 저항선 간의 거리가 더 커야 한다는 점이다.

이 거래 기법에서 중요한 요소들은 다음과 같다.

1. 시장은 분명한 지지선과 저항선을 보여야 한다. 차트상에 시각적으로 명확하게 보이는 전환점이 지지선과 저항선 부근에 각각 한 개 이상 존재해야 한다. 각각의 전환점은 전일과 후일의 주가와 시각적으로 분명하게 나뉘어지는 시점이어야 한다.
2. 지지선 근처에서 형성된 주가와 저항선 근처에서 형성된 주가 간에는 분명한 격차가 있어야 한다.
3. 시장은 지지선을 테스트하기 위해 이전 상태로 되돌아가야 한다. 이는 주가가 하락하여 지지선을 붕괴하는 형태로 나타날 수도 있고, 지지수준 부근에서 지지선을 테스트하는 형태로 나타날 수도 있다.
4. 시장은 지지선을 방어하고 나서 분명한 움직임을 보이며 반등해야 한다.
5. 주가가 수일 간 하락하다가 수일 간 상승하는 사이클을 보일 것으로 예상하며 거래해야 한다.
6. 거래하기 전, 전체적인 주식시장의 사이클을 반드시 살펴보아야 한다.

그렇다면 이 같은 이상적인 모델이 현실 세계에 어떻게 적용되는지 살펴보기로 하자. 제4장에서 지지선과 저항선에 대해 설명하는 데 이용했던 시스코 차트를 다시 떠올려보자. 그림 6.2에서 트레이더들이 지지선을 활용함으로써 주가가 17.80달러인 지지수준에서 반등한 후 상승세를 탈 것으로 예상할 수 있다는 점에 주목할 필요가 있다.

'지지선'이라고 표시된 지점을 지나고 나서 주가가 약 19.40달러까지 상승하여 '저항선'이라고 표시된 지점(20달러)까지 거리의 절반을 넘어서는 점에도 주목할 필요가 있다. 이는 내가 이상적으로 여기는 상황만큼 주가가 많이 상승한 것은 아니다. 이상적인 경우에서라면 주가는 다시 저항수준 부근인 20달러까지 상승할 것이다. 이 사례는 교과서적인 사례는 아니며, 사실 현실 세계에서 그런 예를 찾아보기란 매우 힘들다. 그럼에도 주가가 19.40달러까지 상승했다는 사실은 의미가 있으며, 우리가 필요로 하는 사례로서도 충분하다. '지지선'이라고 표시되어 있는 저가가 세로축으로 보나 가로축으로 보나 분명하게 분리되어 있고, 시각적으로 쉽게 확인할 수 있는 전환점으로 쓰일 수 있을 뿐만 아니라 지지수준으로서의 역할을 수행할 가능성도 높기 때문이다.

그림 6.2는 주가가 지지선을 방어하고 나서 반등하기 위한 필요조건을 보여준다. 지지점은 다른 트레이더들이 한눈에 알아볼 수 있는 점이어야 한다. 아울러 주가가 다시 지지수준에 도달했을 때 매수 압력을 불러올 만한 심리적 영향력을 가진 점으로 활용할 수 있어야 한다. 차트상에서 눈대중으로 봤을 때 저가가 형성된 후 눈에 띄는 반등세가 나타날 경우 이 같은 요건이 충족될 수 있다. 일일 차트상에서 지지선이 명확하게 눈에 보일 때, 트레이더들은 반등세가 나타날 가능성이 있다고 예상할 것이다. 지지점은

그림 6.2 | 스윙 리바운드

시각적으로 봤을 때 눈에 확 띄어야 한다. 이것이 바로 지지점이 세로축(가격)과 가로축(시간)으로부터 분리되어야 하는 이유이다.

따라서, 주가가 19.40달러로 반등하는 것이 리바운드 스윙 기법의 준비 단계에 돌입하는 시발점이라고 할 수 있겠다. 차후에 주가가 다시 하락할 때, 17.80달러에서 19.30달러까지 반등하는 것이 지지선으로 활용될 수 있는 전환점을 형성하기 때문이다. 상승 랠리는 며칠 동안만 이어지며, 이내 이틀 간 주가 하락의 모습을 관찰할 수 있다.

차트상에 '지지선 붕괴'라고 표시되어 있는 시점까지 주가가 두 번째로 하락할 때, 리바운드 스윙 기법을 적용시킬 수 있는 두 번째 조건이 충족된다. 주가가 지지선을 붕괴하거나 또는 지지수준에 매우 근접한 상황이 발생한 것이다. 이때는 주가가 지지선을 무너뜨리기 때문에 테스트가 아닌 붕괴에 해당한다고 이해하는 것이 옳다. 다른 모든 조건이 동일하다면 지지선이 무너지는 편이 주가가 그 아래로 떨어지지 않고 반등하는 편보다 낫다. 지지수준 바로 아래에 손실제한 주문을 넣어둔 트레이더들은 지지선이 무너졌을 때 시장에서 퇴장했을 것이다. 손실제한 주문이 성립된 후 나타나는 주가의 상승세는 주문이 성립될 수 없는 상황에서 나타나는 상승세보다 조금 더 큰 경향이 있다.

이번에는 '주가 반등'이라고 표시된 시점을 살펴보자. 이 시점에서는 주가가 전일의 고가를 돌파하므로 매매 촉발 요인이 형성된다. 이 가격은 지지선과 저항선 간의 거리를 측정했을 때 지지수준보다 훨씬 위에 위치해 있다. 지지선이 붕괴되면 고가를 알 수 있으므로 이 가격보다 약간 높은 가격에 매수 주문을 넣으면 된다. 주문이 성립되면 리바운드 스윙 기법에 적합한 거래를 할 것이다.

이 특정 사례에서 나는 전일 고점의 붕괴가 지지수준을 넘어서는 눈에 띄는 상승이라고 본다. 이를 재빨리 측정할 수 있는 한 가지 방법은 지그시 차트를 살펴보는 것이다. 더 구체적인 가이드라인을 원하는 독자들은 특정한 퍼센티지를 시작점으로 설정해두어도 좋다. 시간이 흐름에 따라 이러한 주가 수준을 눈으로 보고 판단하는 일이 점점 쉬워질 것이다. 예를 들자면, 지지선은 17.80달러에서 형성되었고 저항선은 20달러에서 형성되었으므로 지지선과 저항선의 거리 차는 2.20달러다. 따라서, 17.80

달러에 22센트를 더한 가격인 18.02달러는 지지선보다 10% 이상 상승한 가격이다. 주가가 5월 26일에 전일 고가를 돌파한 시점에서 눈으로 살펴봤을 때 '주가가 눈에 띄게 반등' 했다는 판단이 서거나, 주가가 사전에 계산해놓은 10% 이상의 상승률을 보였을 때는 리바운드 스윙 트레이딩 기법에 적합한 거래임을 알 수 있다.

이 거래의 주가가 보이는 움직임이 시스코 주의 사이클과도 얼마나 자연스럽게 일치하는지 주목하자. 처음에는 지지수준이 하향 곡선을 그리는 사이클의 아랫부분에 형성되었다. 그 이후로 주가는 며칠 동안 꾸준히 상승하여 19.30달러 부근에서 고가를 기록했으나, 그 후로는 시장 사이클이 반전되어 주가가 사흘 연속 하락하는 움직임을 보였다. 26일은 잠재적인 상승 사이클이 형성되는 첫날인 셈이다. 이는 이 거래가 성공적인 거래가 될 확률을 높여준다.

그림 6.3에는 시스코 주의 주가 차트 아래에 S&P500지수 차트의 일부가 삽입되어 있어 전반적인 주식시장의 동향이 시스코 주의 동향과 얼마나 비슷하게 맞아떨어지는지를 확인할 수 있다. 대부분의 종목은 전반적인 시장이 보이는 움직임과 밀접한 상관관계를 지닌다. 따라서 포지션에 진입하기 전에 매매하고자 하는 종목이 전체적인 시장과 유사한 동향을 보이는지 반드시 확인할 필요가 있다.

시스코의 주가 차트와 마찬가지로 S&P500지수 차트에서도 지지선이 주가 반등의 발판 역할을 하고 있다는 것에 주목하자. 이

그림 6.3　전반적인 주식시장의 동조

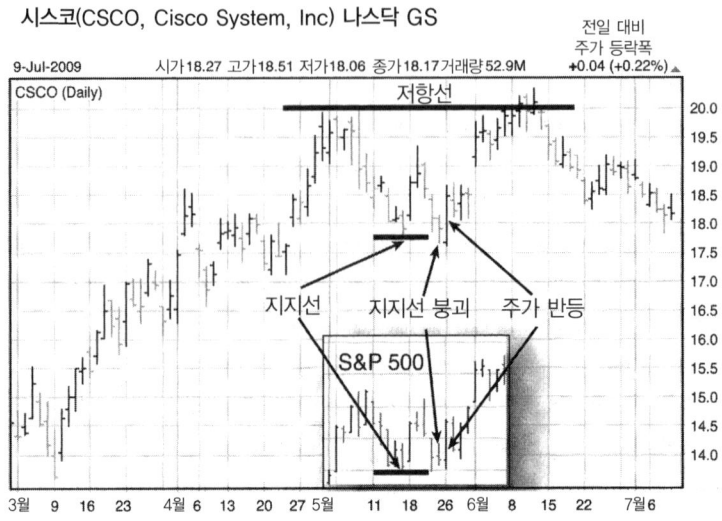

는 곧 다음과 같은 사실들을 의미한다. 첫째, 스윙 트레이딩이 효과를 발휘할 가능성이 높다. 둘째, 전체적인 주식시장의 사이클이 하락 국면을 보이다가 이제 막 방향을 전환했다. 셋째, 시스코 주의 하락 사이클 역시 며칠 동안 하락세를 보이다가 이제 막 방향을 전환했다. 넷째, 두 시장에서 모두 주가가 지지선을 방어함과 동시에 상승 사이클이 형성된다. 이 네 가지 사건이 동시에 일어나는 현상은 리바운드 스윙 기법을 적용시킬 수 있는 완벽한 환경을 제공한다.

이렇게 꼼꼼하게 뜯어보면 이 거래가 리바운드 스윙 기법을 적용하기에 얼마나 훌륭한 조건을 갖추었는지 알 수 있지만, 사실 이 거래는 트레이더의 입장에서는 불편한 거래였을 것이다. 5

월 26일에 주가가 약 18.15달러였을 무렵, 포지션에 진입한 트레이더들은 주가가 상당한 폭의 상승세를 보이다가 사흘 동안 18.10~18.70달러 사이에서 오르락내리락하는 것을 지켜봐야 했을 것이다. 주가는 결국 6월 1일에 19.70달러까지 치고 올라가기는 했지만, 많은 트레이더들에게는 주가가 급상승하기 직전의 사흘이 매우 고된 시간이었을 것임에 틀림없다. 상당한 규모의 수익이 없어졌다가 다시 생겼다가 또다시 없어지는 것을 지켜보고 있기란 심리적으로 힘든 일이기 때문이다.

다른 여러 가지 스윙 트레이딩 기법과 마찬가지로, 리바운드 스윙 트레이딩 역시 시장에서 퇴장할 수 있는 기간이 매우 짧다. 현 지지선이 붕괴될 때 형성되는 최저가 바로 아래에 손실제한 주문을 내야 하기 때문이다. 그림 6.3을 예로 들어 설명하자면, 이상적인 청산 시점은 주가가 5월 26일에 기록한 17.61달러 아래로 떨어졌을 때, 즉 17.50달러 부근일 때다. 이 거래가 성공적이지 못하다는 판단이 들 때 매도 주문을 내면 시장에서 안전하게 빠져나올 수 있다.

주가가 저항선까지 올라가는 길목의 절반 정도에 이를 때쯤이면, 리바운드 스윙 기법을 이용하는 트레이더들은 이미 상당한 규모의 수익을 창출한 후일 것이다. 그럴 경우 주가가 하락하는 기미를 보이기 시작할 때 곧바로 매도에 나서는 것이 좋다. 이를 실행에 옮길 수 있는 손쉬운 방법 중 한 가지는 전일의 최저가보다 조금 낮은 금액에 손실제한 주문을 내어, 주가가 이 금액 아래로 하락하면 시장에서 퇴장하는 것이다. 이 기법은 주가가 계속 똑같은 방향으로 나아갈 경우 수익을 오랜 기간 동안 창출할 수 있도록 해주는 동시에 추세가 전환될 때는 시장에서 재빨리 빠져나갈 수 있도록 해준다. 시스코의 사례에서 이 규칙을 적용한다면, 6월 3일에 기록한 19.41달러보다 조금 더 낮은 가격에서 빠져나왔을 것이다. 그럴 경우 약 55~60센트의 리스크를 감수하고도 1.25달러 정도의 수익을 올리게 된다.

이제부터는 이 거래 기법의 핵심이 되는 네 가지 요소에 대해 살펴보고자 한다. 이는 좌뇌의 지력과 우뇌의 직관이 이 기법을 이용하여 거래를 할 때 각각 어떤 역할을 하게 되는지 자세히 알아보기 위함이다.

(1)시장 환경

이 거래 기법은 여러 종류의 시장에서 효과를 보이는 것으로 알려져 있다. 그러나 박스장*에서는 롱 포지션이나 숏 포지션만 취해야 한다. 시장이 상승세를 보일 때에는 롱 포지션만 취해야 하고, 하락세를 보일 때에는 숏 포지션만 취해야 한다.

특정한 주식시장이 어떤 종류의 시장인지 판단하는 데 있어 가장 쉬우면서도 경험상 가장 효과적인 방법은 여섯 달 동안의 주가가 모두 기록되어 있는 일일 차트를 구하는 것이다. 주가가 떨어지고 있는 것처럼 보인다면 하락세를 보이는 시장의 차트인

---

* range-bound market: 주가가 별다른 움직임을 보이지 않거나 상대적으로 작은 폭의 상승과 하락을 반복하는 시장—옮긴이

셈이고, 주가가 오르는 것처럼 보인다면 상승세를 보이는 시장의 차트인 셈이다. 좌뇌가 아주 구체적인 근거를 내세우며 이 결정에 관여하지 않도록 주의하는 것이 중요하다. 차트를 보고 1초 안에 결정을 내려라. 주가가 떨어지고 있는가? 오르고 있는가? 횡보하고 있는가? 만일 시장이 상승세를 보이고 있으면 롱 포지션만 취해야 하며, 하락세를 보이고 있으면 숏 포지션을, 둘 중 어느 경우도 아니라면 롱이든 숏이든 관계없이 선택할 수 있다.

이 요소는 개별 종목뿐만 아니라 전반적인 시장에도 똑같이 적용될 수 있다. 전체적인 주식시장이 하락세를 보일 때는 개별 종목의 주가가 지지선을 방어하고 반등하더라도 매수에 나서지 않는 것이 좋다. 이때의 개별 종목들은 전체적인 주식시장이 끌어내리게 되면 거래가 실패로 돌아갈 공산이 크기 때문이다. 이와 마찬가지 이유로, 전체적인 주식시장이 상승세를 보이고 있다면 개별 종목의 주가가 저항선을 방어하고 방향을 틀더라도 공매도에 나서지 않는 것이 좋다.

(2) 거래에 나설 준비

거래에 나서기 전에 점검해야 할 사항은 차트상에 지지선과 저항선이 분명하게 형성되어 있는지 확인하는 것이다. 다시 말해, 지지선 부근의 주가와 저항선 부근의 주가 간에 분명한 격차가 있는지 살펴봐야 한다는 의미다. 이를 알 수 있는 가장 손쉬운 방법은 역시 우뇌의 패턴 인식 기능을 이용하여 눈대중으로 훑어보는 것이다. 차트를 보고 지지선과 저항선이 분명하게 나타나는지 확인하라. 그렇지 않다면 다른 종목으로 넘어가라. 만일 분명하게 나타난다면 지지선과 저항선 부근에서 형성된 주가의 격차를 따져보라. 주식이 반등할 경우 충분한 상승 여력이 있어야 한다. 성공적인 거래를 위해서는 이 같은 결정을 내리는 법을 터득할 필요가 있다.

나는 개인적으로 시장 진입 리스크보다 잠재적인 수익이 2~4배 정도 되는 것을 선호한다. 주문을 낼 때 시장 진입 리스크가 어느 정도인지는 미리 알 수 있다. 시장 진입가와 주가가 지지선 붕괴 시 형성하는 저가 또는 지지선 테스트 시의 저가를 이미 알고 있기 때문이다. 시장에 진입한 시점과 저항선 사이의 거리가 진입 리스크의 두 배 이상 되지 않는다면 주문을 아예 낼 생각조차 하지 말아야 한다.

훈련을 통해 시장 진입 시 요구되는 이러한 조건들을 분석하는 데 필요한 정보를 우뇌가 신속하게 처리하도록 만들 수 있다. 우뇌가 훈련을 마치고 나면 특정 주식이 리바운드 스윙 기법을 적용할 준비가 되어가는지 여부를 금세 결정할 수 있을 것이다. 좌뇌에 의지하여 이 작업을 한다면 매일 거래할 때마다 수시간 동안 준비를 해야 한다. 우뇌야말로 이 작업을 하는 데 타고났다. 그렇다면 좌뇌는? 별로 그렇지 않다.

(3)거래 촉발 요인

리바운드 스윙 기법에서 거래의 도화선으로 작용하는 사건은 지지선과 저항선 사이의 범위 내에서 주가의 반등이나 하락이 두

드러지게 나타나는 것이다. 연습을 통해서 이러한 현상을 한눈에 알아보는 일이 가능하다. 차트를 봤을 때 눈에 띄는 현상이 보이지 않는다면, 그것은 그러한 현상이 일어나지 않았기 때문이다. 시각적인 느낌에 의지하면 어려울 것이 없다. 차트를 든 팔을 쭉 펴고 (아니면 컴퓨터 모니터를 보면서 등을 의자에 편안하게 기대고) 직관에 몸을 맡겨라. 눈대중으로 봤을 때 주가가 전일의 고가에 비해 상승한 것이 두드러지는 변화라고 느껴지는가? 그렇지 않다면 주가가 어느 정도 올라야만 눈에 띌 만하다는 느낌이 들 것 같은가? 두 번째 질문에 대한 대답이 바로 시장에 진입하기 위해 손실제한 주문을 내야 할 가격이다.

위와 같은 결정 역시 우뇌가 '정답'이 무엇인지 알지 못하는 채로 내리게 되는 결정이다. 다음 장에서도 다루겠지만, 어떤 현상이 '두드러지는' 것인지 알아차리도록 우뇌를 훈련하는 일이 가능하다. 하지만, 좌뇌가 이해할 만한 규칙들을 이용하여 훈련 과정을 설명하기란 쉬운 일이 아니다.

(4) 시장에서의 퇴장을 유도하는 사건

시장에서 퇴장해야 할 순간을 알아내는 일은 훨씬 간단하다. 일어날 수 있는 두 가지 상황 중 한 가지를 찾으면 된다. 첫 번째 경우는 원하는 바대로 주가가 상승세를 타다가 저항선까지 이르는 길의 절반 지점을 넘어서는 경우다. 이런 경우에는 모멘텀이 상실되고 주가가 전일 저가보다 하락했을 때 시장에서 빠져나오면 된다. 두 번째 경우는 예상했던 것과 다르게 주가가 하락세를 보이는 경우다. 이런 경우에는 주가가 지지선 바로 아래에 설정된 손절가까지 하락할 때 시장에서 퇴장하면 된다.

| 주가의 재반등 기회를 노려라

이러한 패턴은 제법 규칙적으로 등장한다. 제4장에서 지지와 저항에 대해 설명하면서 시스코 주식을 예로 들었는데, 그 부분을 집필하고 나서 머지 않아 리바운드 스윙 트레이딩 기법을 적용할 수 있는 패턴이 해당 주식에 또 한 차례 나타났다. 그림 6.4를 살펴보면 이번 기회가 제4장에서 소개했을 때에 비해 얼마나 더 좋은 기회인 것으로 드러났는지 알 수 있을 것이다.

이 사례가 간단하고 이해하기 쉽기는 하지만, 시장에서 퇴장하는 전략에 대해 분명하게 짚고 넘어갈 필요는 있다. 만일 주가가 저항선까지 올라가는 길목의 절반 정도에 이른 후 전일의 최저가보다 더 하락했을 때 매도 주문을 낼 경우, 수가가 18.50달러에서 21.75달러까지 치솟는 동안 3.25달러의 수익을 낼 수 있을 것이다. 아주 간단한 스윙 트레이딩 기법들도 이와 유사한 방식을 채택하고 있다. 물론 앞서 살펴본 예에서만큼이나 큰 수익을 창출하게 되는 경우는 극히 드물지만, 시장에 진입해 있는 동안 당신이 원하는 방식으로 시장이 움직여준다면 아마도 상당한 수익을 올릴 기회가 몇 차례 발생할 것이다. 시스코 주처럼 큰 건을 잡아야 성공적인 트레이더가 될 수 있는 것은 아니지만, 이 사례는 '손실은 최소화하고, 수익은 극대화하라'는 오래된 격언이 단기 스윙 트레이딩에도 적용될 수 있다는 사실을 보여준다.

| 그림 6.4 | 시스코 주의 두 번째 리바운드 스윙 거래 |

자료 제공 | StockCharts.com

　본 장에서는 여러 거래 기법 가운데 한 가지를 선택하여 내 나름대로의 근거를 들어가며 이 기법의 유용성에 대해 설명하고, 이처럼 특정한 거래 기법에 우뇌의 직관력을 적용시킬 수 있는 방법을 소개하였다. 이어지는 제7장에서는 어떻게 하면 우뇌가 더 효과적으로 기능할 수 있도록 의식적으로 훈련할 수 있는지 살펴볼 예정이다. 특히, 리바운드 스윙 기법의 원칙 중에서 '불분명한' 부분을 검토하고, 이 밖의 다른 '불분명한' 개념을 접하게 될 때 우뇌를 활용하여 신속하게 분석해낼 수 있는 방법을 소개하도록 하겠다. 당신의 우뇌는 이러한 훈련을 위해 타고났다.

제7장

대가가 되기 위한 조건: 단순함과 신속함

TRADING FROM YOUR GUT

"탁월함은 훈련과 습관이 창조해내는 예술이다.
우리가 미덕과 탁월함을 지니고 있기 때문에 올바르게
행동할 수 있는 것이 아니라, 올바르게 행동할 때 미덕과 탁월함을
지닐 수 있는 것이다. 인간은 자신이 되풀이하는 행동에 의하여 정의된다.
고로 탁월함은 행동이 아니라 습관인 셈이다."

—**아리스토텔레스**(Aristotle)

7

Simplicity and Speed:
Training to Be a Master

리처드 데니스는 1만 달러를 약 2억 달러로 불린 것으로 유명세의 정점에 달했을 무렵, 친분이 전혀 없는 열두 명의 지원자를 선발하여 터틀 실험 첫해에 딱 2주 동안 자신의 비법을 토대로 거래 훈련을 실시했었다. 연습 기간을 단 20일만 주고 나서(이 20일이 대부분의 훈련생들에게는 첫 거래 경험이었다) 데니스는 자비 수백만 달러를 들여서 우리의 자본금을 마련해주기도 했다. 그 이듬해가 되자 그는 2기 터틀 훈련생들을 새로 뽑았는데, 이번에는 훈련 기간을 1주일로 단축시켰다. 사람이 1주일 동안 좌뇌에 저장할 수 있는 정보에는 상당한 한계가 있다. 데니스는 분명 거래가 복잡하지 않다고 생각했던 것이다.

데니스가 우리에게 가르쳐준 교훈은 다음과 같이 네 가지로 요약할 수 있다.

1. **우위가 있는 거래를 하라|** 수익을 창출할 것으로 기대되는 거래 전략을 세워라.
2. **리스크를 관리하라|** 모든 것을 잃을 만큼 너무 많은 리스크를 감수하지 말아라.
3. **일관성 있는 태도를 유지하라|** 선택한 거래 전략이 효과를 나타낼 수 있도록 일관성을 지녀라.
4. **단순함에 초점을 맞춰라|** 거래를 본래보다 더 복잡하게 만들지 말아라.

나는 『터틀의 방식』 부록에서 이 특정한 전략을 소개하는 데 30페이지도 채 들지 않았다. 데니스와 그의 거래 파트너 윌리엄 에크하르트William Eckhardt는 2주 동안 진행된 터틀 훈련 과정에서 이 전략을 가르치는 데 단 며칠의 시간만을 투자했다.

터틀로서 나는 그 원칙들을 더 단순화시켰다.

터틀 프로그램이 시작되고 나서 첫 몇 달 동안은(나는 실제 거래를 해본 적이 이때가 처음이었다) 매주 신문 크기로 발행되는 《상품 전망》*에 실리는 종이 차트에 종가를 세심하게 표시해두고는 했다. 그러던 어느 순간, 이 작업이 별 소용이 없다는 사실을 깨닫게 되었다. 중요한 것은 오직 주가가 신고가나 신저가를 기록했는지, 지금껏 보여온 거래 범위를 벗어났는지 하는 문제였던 것이다.

---

* Commodity Perspective: 한 달 안에 가장 활발하게 거래된 선물 계약 등의 차트가 실린 타블로이드판 신문—옮긴이

신고가나 신저가를 기록하지 않은 주가는 우리가 선택했던 거래 스타일과는 별 관련이 없는 요소였다. 한마디로 쓸데없는 '잡음' 이었던 것이다. 그래서 그날부터 나는 잡음에 더 이상의 시간과 노력을 허비하지 않았다. 단순한 것이 결과적으로 더 나았던 셈이다.

우리는 10~12주 동안의 최고가가 돌파될 때 매수에 나서고, 같은 기간 동안의 최저가가 붕괴될 때 공매도에 나서라고 배웠다. 시간이 얼마간 지나고 나니 나는 기간을 일일이 셀 필요가 없다는 사실을 깨닫게 되었다. 차트만 보고도 언제 주문을 내면 되는지 눈대중으로 알 수 있었기 때문이었다. 나는 직관적으로 차트상의 주가가 전체적으로 어떤 형태를 보이고 있는지 아는 것이 중요할 뿐, 돌파 기간이 9주 하고도 나흘간이었는지 10주간이었는지는 알 필요가 없다는 사실을 터득한 것이다. 나는 거래 과정을 또 한 차례 단순화시킨 셈이다. 단순한 것이 더 나았으니까 말이다.

내가 어떤 행동을 취해야 할지 결정하기까지 시간을 거의 들이지 않아도 되는 데에는 그리 오랜 시간이 걸리지 않았다. 주가와 차트를 각각 한 번씩 보고 나면 무엇을 해야 하는지 바로 알 수 있었다. 생각할 필요도 없었다. 이러한 생각을 즉각적으로 할 수 있도록 우뇌를 훈련했기 때문에 가능한 일이었다.

만일 누군가가 내가 좌뇌를 통해 얻은 분석 결과를 이용해 무엇을 하고 있었는지 살펴볼 기회가 있었다면, 사실상 배운 규칙에 따라 거래했다는 사실을 알아차릴 수 있었을 것이다. 실제로 좌뇌를 활용하여 거래에 관한 결정들을 내리지는 않았더라도 말이다. 우뇌가 좌뇌보다 훨씬 더 빠른 속도로 작업하면서도 좌뇌와 비슷한 수준의 정확성을 보였기 때문에 나는 우뇌가 좌뇌의 역할을 자동적으로 수행할 수 있도록 훈련시켰었다. 이러한 일이 가능했던 이유는 우리가 선택했던 거래 기법(대부분의 다른 거래 기법도 이런 경우에 해당한다)에 필요한 '좌뇌용' 지식이 상대적으로 적었기 때문이었다.

| 거래의 기술은 단순함에서 비롯된다

거래의 커다란 아이러니는 거래가 너무나도 간단하기 때문에 어렵다는 점이다.

우리의 좌뇌는 이러한 개념을 쉽게 받아들이지 못한다. 거래를 통해 수익을 올리는 것이 간단하다는 사실이 논리적인 하향식 사고방식을 지향하는 좌뇌에게는 도통 말이 되지 않는다. 논리적인 좌뇌에 따르면, 거래가 정말 말처럼 쉬울 경우 성공한 트레이더들이 더 많아야 하는데 현실은 그렇지 않은 것으로 미루어보아 거래는 분명 복잡하다. 좌뇌는 스스로가 가치를 두는 종류의 지식을 통해서만 특정 활동에 대한 전문성을 평가한다. 이를테면 정보의 구분 및 분류, 인과관계, 시간적 상관관계 등의 논리적인 지식에만 가치를 두는 셈이다. 아울러 좌뇌는 거래를 잘하기 위해서는 복잡한 분석을 많이 해야 한다고 추정하기도 한다.

좌뇌는 대부분의 사람들이 거래를 어렵게 여기는 이유가 정보가 부족하기 때문이 아니라 거래에 있어서 우뇌가 얼마나 중요한 역할을 하는지 숙지하지 못하기 때문이라는 사실을 깨닫지 못한다. 뿐만 아니라 우뇌의 지배 영역인 큰 그림 살피기, 상향식 사고하기, 패턴 인식하기 등의 활동에도 충분한 점수를 주지 않는다. 베테랑 트레이더가 되려면 이러한 기술을 습득하는 것이 필수적인데도 말이다.

대부분의 사람들은 우뇌의 직관을 제대로 활용하지 못할 뿐 아니라 그 직관을 믿을만한 자신감 또한 결여된 상태이다. 앞에서 서술한 내용을 읽고 나서 당신의 좌뇌가 직관의 중요성, 그리고 우뇌의 상향식 사고방식의 중요성에 대해 깨달았기를 바라는 바이다. 두뇌 훈련을 제대로 거칠 경우 좌뇌가 우뇌의 능력을 더욱 더 신뢰할 수 있는 틀을 마련할 수 있다. 연습을 많이 하고 직관을 활용하는 습관을 들인다면 논리적인 사고력만큼이나 직관력을, 의식적인 사고만큼이나 무의식적인 사고를 신뢰하는 방법을 금세 터득하게 될 것이다.

큰 그림을 볼 줄 아는 우뇌의 능력을 좌뇌가 높이 평가하지 않는 것이 거래할 때 큰 장애물로 작용할 소지가 있다. 좌뇌는 거래의 성공 비결이 아주 간단하다는 진실과 마주할 때 심한 갈등을 느끼곤 한다. 좌뇌는 복잡한 것을 원한다. 좌뇌형 영역에 속하는 요령과 전문 지식을 원하는 셈이다.

이것이 그렇게나 많은 트레이더들이 소위 거래 고수라고 불리는 사람들의 의견을 따르려는 이유이다. 이들의 논리적인 뇌로는 거래가 간단하다는 사실은 믿기 어렵다. 그래서 이들은 거래의 숨은 비결을 알아내려고 노력한다. 이 숨은 비결을 알지 못한다는 생각에, 트레이더들은 거래할 때 주저하거나 자신감을 종종 잃고는 한다. 비밀 정보 없이는 성공적인 거래를 하기에 부족한 면이 있다고 느끼는 좌뇌와, 거래가 알고 보면 매우 단순하다는 진실 간의 내적인 갈등은 이들의 자신감을 더욱 깎아 내린다. 이러한 트레이더들은 비밀 정보를 손에 넣을 수만 있다면 자신 있게 거래할 수 있을 만큼의 충분한 지식을 얻을 것이라고 굳게 확신한다.

그러나 몇몇 사람들이 이야기하는 것과 달리, 거래의 대가가 되는 데 특별한 비법 따위는 없다. 거래의 기술은 복잡함이 아닌 단순함에서 나오는 것이며, 큰 그림을 볼 줄 아는 혜안에서 비롯된다.

│ 베테랑 트레이더의 우뇌 훈련법

베테랑 트레이더들은 거래의 단순함에 익숙해지는 법을 배웠다. 개별적인 나무들뿐만 아니라 숲 전체, 즉 큰 그림을 볼 수 있도록 우뇌를 훈련했기 때문이다. 베테랑 트레이더들은 준비가 충분히 되었다면 직관과 직감에 결정을 맡기는 것에 아무런 문제가 없다는 사실을 알고 있다. 이들은 특정 종류의 결정을 내릴 때 우뇌가 지배하도록 놔두는 데 전혀 불편함을 느끼지 않는다.

베테랑 트레이더들은 복잡해 보이는 패턴 뒤에 의외로 단순한 현상이 존재하는 경우가 많다는 사실 또한 알고 있다. 이들은 시장이 창발 현상을 보이는 방식에 익숙해져 있으며, 시장의 추세가 전환될 경우 최대한 빠른 시간 안에 그러한 조짐을 눈치챌 수 있도록 우뇌를 훈련하기도 했다. 경험이 많은 트레이더들은 시장의 동향을 합리적으로 예측할 수 있다는 무모한 자존심을 버렸기 때문에 시장에서 일어나는 변화에 적절하게 대응할 수 있다. 이들은 오직 시장이 이미 보인 움직임에만 관심을 갖고, 그것이 현재 어떤 행동을 취해야 한다는 의미인지에 대해 초점을 맞춘다. 미래에 시장이 또 어떠한 변화를 보일지 알 수 없다는 사실을 베테랑 트레이더들은 편안한 마음으로 받아들일 줄 안다.

그렇다면 베테랑 트레이더들은 우뇌를 어떻게 훈련할까? 한마디로 연습이다.

패턴을 효과적으로 인식하기 위해 훈련을 거쳐야 하는 인공 신경망처럼, 우뇌에 위치한 인간의 신경망 역시 훈련을 요한다. 패턴 인식과 환경적인 특성 정의의 두 가지 분야로 나눠서 훈련해야 효과가 있다. 즉, 거래하면서 원하는 패턴을 인식하도록 우뇌를 훈련해야 하며, 시장에 관련된 다양한 정보를 접하는 동안 큰 그림을 볼 수 있는 훈련도 게을리하지 말아야 한다.

거래를 위한 가장 좋은 연습은 거래 그 자체이다. 이것이 바로 내가 스윙 트레이딩을 추천하는 이유 중 하나이다. 여러 건의 잠재적인 거래를 접하면서 끊임없이 결정을 내리게 되기 때문에 연습할 기회가 많은 것이다. 뿐만 아니라 스윙 트레이딩은 다른 거래 기법에 비해 훨씬 짧은 시간 안에 시장의 동향을 살펴야 하므로 연습량이 자연스레 늘어나게 된다. 종목을 하나씩 훑어보면서 거래를 성립시킬 것인지 아닌지 결정을 내릴 때마다 우리는 거래 연습을 하는 셈이다. 시장이 정체되어 비교적 느린 움직임을 보이더라도 한 달에 몇 차례 정도는 거래를 할 기회가 생길 것이다. 따라서 스윙 트레이딩은 일 년에 고작 몇 번 정도 거래를 하거나 한 건의 거래가 몇 달씩 길어질 가능성도 있는 장기 거래에 비해 훨씬 많은 연습량을 제공한다.

다행히도 거래의 전형적인 과정은 우뇌에게 아주 뛰어난 연습 기회를 부여한다. 대부분의 독자들은 이미 다음과 같은 과정을 거쳐 거래하고 있을 것이다. 이는 네 가지 단계를 각각 어떻게 접근하느냐 하는 문제가 그 단계 자체보다 더 중요하다는 사실을 독자들이 이미 알고 있다는 의미이다. 그렇다면 지금부터 일반적인 거래 과정의 핵심적인 사항인 네 가지 단계에 대해 알아보도록 하자.

1. 시장 상황을 분석하라 | 매수 혹은 공매도 주문을 내기에 적합한 시기인지, 둘 중 어느 주문도 내지 않는 편이 나은지 따져보도록 하라.

2. 적합한 종목을 찾아내라 | 당신이 이용하는 거래 기법에 적합한 종목을 찾아라. 전체적인 주식시장과 유사한 동향을 보이는, 훗날 매수나 매도가 가능할 만한 종목에도 관심을 기울여라.

3. 매매 촉발 요인을 설정하라 | 각 종목마다 주가가 어떤 움직임을 보일 때 매수나 매도에 나설 것인지 미리 결정해두어라. 적절한 매매 신호를 설정해두면 이 같은 촉발 요인이 발생할

때 곧바로 알 수 있다.

4. 준비를 마치고 주문을 넣어라 | 매매 신호가 발생할 경우에 대비하여 거래량을 어느 정도로 설정할 것인지, 어떤 조건이 갖춰졌을 때 시장에 진입하고 시장에서 퇴장할 것인지 미리 정해두어라. 매매 신호가 실제로 발생하면 전체적인 시장 상황을 마지막으로 점검하고 주문을 넣어라.

처음에는 당연하게 여겨지지 않을지도 모르겠지만, 네 가지 단계를 모두 충실히 이행한다면 우뇌가 직관적인 판단을 내리는 연습이 될 것이다. 완벽하게 좌뇌의 영역에 속하는 것처럼 보이는 3, 4단계 역시 우뇌의 직관을 훈련시키는 데 좋은 기회를 제공한다.

이어지는 다음 내용에서는 각 단계를 하나씩 찬찬히 살펴보려고 한다. 각 단계마다 지니고 있는 목적이 무엇인지, 어떤 방식으로 연습할 기회를 제공하는지, 어떤 접근법이 권장되는지 알아볼 예정이다.

(1)시장 상황을 분석하라

거래할 때마다 매일 거쳐야 하는 과정의 첫 단계는 시장 상황을 고려하는 것이다. 이 단계에서는 시장 상황이 매수나 공매도에 나서기에 적합한지, 둘 중 어느 주문도 내기에 적합하지 않은지 살펴보는 것이 목적이다. 여기에서의 관건은 거래를 성립시키기 좋은 시점을 찾아내는 데 있다. 시장이 상승세를 보이는지 하락세를 보이는지 알아내려는 것이 아니다. 시장의 현재 추세를 정확하게 살펴보는 것이 목적일 뿐 향후 동향까지 예측할 필요는 없다.

시장이 다음과 같은 여건을 충족시킬 때야말로 스윙 트레이딩 기법을 이용해 커다란 수익을 창출할 수 있다.

- **시장 사이클 중 초반일 때ㅣ** 시장을 위한 최적의 조건이 형성되는 시점은 주가가 지난 며칠 동안 특정한 방향으로 움직이다가 이제 막 방향을 틀어 반대 방향으로 나아가기 시작했을 때이다. 다음에 나타나는 전반적인 주식시장의 사이클과도 보조를 맞출 수 있을 것이다.
- **기술적인 지표가 적합할 때ㅣ** 원하는 방향으로 시장이 움직일 확률을 높여주는 기술적인 요소들을 의미한다. 주가 수준의 지지선과 저항선을 염두에 둘 필요가 있다. 다른 시장 참가자들이 참고하는 추세선이나 이동평균선과 같은 기타 기술적인 지표에서 확인되는 잠재적인 지지선과 저항선은 물론이고, 0으로 끝나는 주가 수준 근처에서 형성되는 지지선과 저항선 등도 확인해야 한다.
- **상승 여력이 충분할 때ㅣ** 원하는 방향으로 시장이 움직일 경우 상당히 큰 폭으로 움직일 확률을 높여주는 기술적인 요소들을 의미한다. 매수에 나서려는 트레이더들은 매수 가격 부근에 저항선이 형성되기를 원하지 않는다. 이와 반대로 매도에 나서려는 트레이더들은 매수 수준 부근에 지지선이 형성되

기를 원하지 않는다.

이와 같은 요소들을 제대로 확인하기 위해서는 우뇌를 활용해야 한다. 우뇌의 탁월한 기능 중 하나인 상상력과 공간 관계를 다루는 능력이 도움이 될 수 있다. 머릿속에서 'what-if' 분석을 수행해야 한다는 점을 잊지 말자. 시장이 당장 들려주는 이야기에 관심을 기울일 필요는 없다. 우리가 궁금해해야 할 점은 무엇인가 중요한 변화가 일어났을 때 시장이 어떤 이야기를 들려줄 것인가이다. 예를 들어, 오늘 S&P 주가지수가 15포인트 오른다는 것은 무슨 의미인가? 시장이 새로운 상승 사이클을 시작한다는 의미인가? 지지선에서 지지를 받는 것인가? 추세선에서 반등하는 것인가? 주가가 저항선 부근에 도달할 가능성은 높은가?

그림 7.1에는 분석할 만한 몇 가지 시점이 표시되어 있다. 각 시점마다 뒤따르는 거래일이 당시에는 아직 존재하지 않았다는 점을 기억해두자.

- **잠재적인 매수 시점 A** | 이 시나리오는 주가가 큰 폭으로 떨어지고 난 다음 날 전개되고 있다. (가격은 며칠 동안 하락했다가 며칠 동안 다시 상승했다가 그 다음 날에는 큰 폭으로 하락했으며, 다음 날에는 900포인트의 주가 수준 부근에서 안정을 찾는 것처럼 보였다.) 이 시점에서 주가가 전일 고가를 돌파했다는 것은 상승 사이클이 시작될 잠재성이 있다는 것, 그리고 900포인트에서 지지선을 딛고 반등이 시작될 잠재성이 있음을 의미한다. S&P 주가지수가 저

그림 7.1 시장의 상태 분석

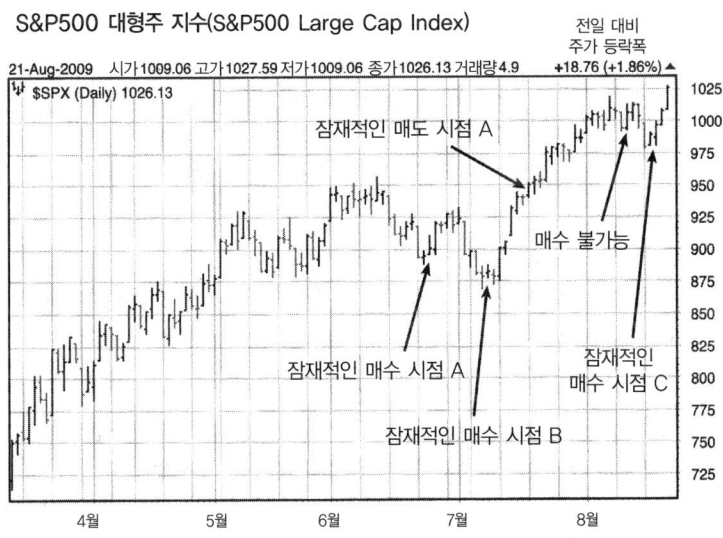

자료 제공 | StockCharts.com

항선에 도달하기 전까지 최소 925포인트에 이를 것으로 보이며, 950포인트까지 오를 가능성도 존재하는 만큼 상승 여력도 충분히 확보할 수 있을 것으로 여겨진다. 따라서 시장에서 3~6%의 수익을 올릴 스윙 기회가 생길 가능성이 비교적 높은 편이다.

• **잠재적인 매수 시점 B** | 이 시나리오는 주가가 나흘 중 사흘 동안 떨어지고 난 다음 날 전개되고 있다. 주가가 875~880포인트 수준에서 지지선을 형성한 것처럼 보이는 시점이기도 하다. 최저가를 형성한 거래일의 고가 이상으로 주가가 상승했다는 것은 잠재적인 사이클 전환이 일어나 주가가 875포인트에서 지지선을 확인하고 반등했다는 의미로 간주할 수 있겠

다. 이 가격에서는 925포인트에 있는 잠재적인 저항선은 5%, 950포인트에 있는 잠재적인 저항선은 8% 떨어져 있기 때문에 상승 여력도 충분할 것으로 예상할 수 있다.

• **잠재적인 매도 시점 A** | 이 시나리오에서는 주가가 며칠 동안 눈에 띄게 상승하다가 마침내 950포인트에서 저항수준에 도달했다. 주가가 당일의 저가 아래로 떨어져 전일의 저가보다 하락한다는 것은 950포인트에서 잠재적인 저항선을 확인하고 돌아선 후 새로운 잠재적인 하락 사이클을 형성하기 시작했다는 의미로 볼 수 있다.

만일 시장이 더 큰 폭의 하락세를 보였을 경우 A 시점 이후부터는 매 거래일마다 잠재적인 매도가 가능했으리라는 사실을 알아두는 것이 중요하다. 그러나 이러한 일은 벌어지지 않았다. 이는 스윙 트레이딩 시 이용하는 'what-if' 분석의 중요한 측면을 보여준다. 시장이 무엇인가 움직임을 보였더라면 나흘 동안은 매도에 나서기에 좋은 시기가 됐을 것이다. 그러나 거래를 촉발할 만한 현상이 나타나지 않았을 뿐만 아니라 촉발 조건이 충족되지도 않았기 때문에 이 기간 동안 실제로 단기 스윙 매매에 나서지는 않았을 것이다. 시장 상황상으로는 매도 준비가 되어 있었으나 시장이 하락 사이클을 형성하기 시작했다는 시그널을 보이지는 않았다.

이 특정한 'what-if' 시나리오에서는 'if'에 해당하는 조건이 성립되지 않았기 때문에 점 A가 '잠재적인' 매도 시점이라고 여겨지는 것이다. 점 A는 S&P500지수가 전일 저가 아래로 하락하는 등 시장에 특정한 현상이 발생했을 경우 매도에 나설 수 있는 상황을 제공할 잠재성을 지니고 있었다.

- **잠재적인 매수 시점 C** | '잠재적인 매수 시점 C'라고 표시된 시점의 경우 주가가 1,020포인트 부근에서 고가를 형성한 후 이내 급락하여 되돌림 현상이 발생했으며, 전일 고가인 990포인트 부근에서 발생한 상승 여력이 3% 정도 남아 있다. 따라서 시장의 움직임이 고가인 990포인트를 넘어섰다는 것은 주가가 1,020포인트 부근까지 상승할 가능성이 있는 잠재적인 상승 사이클을 형성하기 시작했다는 것을 나타낸다.

- **매수에 나서지 말아야 할 시점** | 이 시점은 차트상에 '매수 불가능'이라고 표시되어 있는 시점에 해당한다. '잠재적인 매수 시점 C'와는 달리 이 시점에서는 눈에 띌 만큼 두드러지는 되돌림 현상이 발생하지 않는다. 상승 여력도 1%밖에 되지 않기 때문에 시장이 아주 빨리 저항에 다다를 가능성이 높다. 따라서 시장이 큰 폭의 상승세를 보일 확률은 상대적으로 적은 편이다.

시장 상황을 분석하는 목표가 다음의 두 가지 질문에 대답하기 위해서라는 점을 기억해두자. 첫 번째 질문은 '시장이 어떤 움직임을 보여야만 매수하기에 좋은 날이 될 것인가?'이고, 두 번째 질문은 '시장이 어떤 움직임을 보여야만 매도하기에 좋은 날이 될 것인가?'이다. 만일 시장이 매매하기에 좋은 날이라는 신호를 특별히 보내오지 않는다면 다른 날 거래를 하는 편이 낫다. 사실상 이런 경우가 대부분임을 나는 경험을 통해 깨달은 바 있다. 스윙 트레이더들이 매매하기 좋은 날은 아주 드물다.

우뇌를 제대로 훈련시키기 위해서는 이 분석을 아주 신속하게 해내야 한다. 좌뇌가 지배할 수 있는 시간을 주지 말아라. 처음에는 15초 미만의 시간 동안 다음의 선택사항 중에 해당하는 것을 고르며 훈련하는 편이 쉽다. "주가가 어제 형성된 고가보다 상승했을 때 매수에 나서라", "주가가 어제 형성된 저가보다 하락했을 때 매도에 나서라", "둘 중 어느 경우에도 해당하지 않을 경우 매매에 나서지 마라". 연습량이 늘어나면 이 결정을 내리는 데 걸리는 시간을 서서히 줄여나가기 바란다.

분석할 때는 숫자에 연연하지 말고 전체적인 그림을 살펴보는 것이 중요하다. 이렇듯 신속하게 시각에 의존해서 분석할 경우 어쩔 수 없이 지력 대신 직감을 활용하게 된다. 결정을 짧은 시간 안에 내리지 못한다면 스톱워치의 도움을 받는 것도 괜찮은 방법이다. 만일 아무런 결정도 내리지 못한 채 정해진 시간이 다 흘러가버렸다면, 당신이 찾는 대답은 자연스레 "둘 중 어느 경우에도 해당하지 않을 경우 매매에 나서지 마라"가 되는 것이다.

시간이 흐름에 따라 차트를 흘끗 보고도 매수나 매도에 적합한 기준이 충족되었는지를 1초가 채 지나기도 전에 알아볼 수 있게 될 것이다. 매매 주문을 내기 직전에 마지막 점검 차원에서 이러한 단계를 거칠 필요가 있다. 이 같은 결정을 짧은 시간 안에 내릴 수 있으면 당신은 직감을 이용하고 있는 것이다.

후안 판지오의 일화를 잊지 말기 바란다. 생각할 시간이 없어지면 본능적으로 직관이 대신 기능하도록 되어 있는 만큼, 연습할 때는 스스로에게 생각할 시간을 주지 않는 것이 중요하다. 직관이 이성을 밀어내고 제 역할을 할 수 있도록 스스로를 밀어붙여라.

(2)적합한 종목을 찾아내라

거래를 하기에 적합한 종목을 찾아내는 일은 어떤 거래 기법을 이용하느냐에 따라 달라진다. 이 단계에서 진행되는 작업은 여러 종류의 스윙 트레이딩 기법에 적용 가능하다. 이처럼 특정 시스템의 기준을 충족시키는 주식을 찾는 데에는 우뇌의 도움이 크게 작용할 수 있다. 대부분의 트레이더들은 컴퓨터를 이용한 자동화 시스템과 패턴을 인식해내는 우뇌의 능력을 함께 사용한다. 이 같은 방법이 대부분의 거래 기법에 가장 효과적으로 적용될 수 있는 방법이다. 여러 개의 주식 차트를 재빠르게 훑어볼 때는 컴퓨터를 이용하면 작업을 보다 손쉽게 할 수 있다.

트레이더들은 다음과 같은 세 가지 부류의 종목을 눈여겨볼 필요가 있다.

1. **거래 가능한 종목** | 유동성이 있으면서도 본인의 계좌 잔고에 적합한 수준의 가격을 지니고 있는 종목
2. **주목해야 할 종목** | 주시하고 있다가 주가가 바람직한 방향으로 움직일 경우 거래가 가능할 뿐만 아니라 잠재성 또한 지닌 종목

3. 잠재력이 있는 종목 | 전반적인 주식시장의 상황과 어울릴 경우 매매 주문을 낼 수 있을 만큼 거래 잠재력을 가진 종목

앞 장에서는 여러 가지 스윙 트레이딩 기법 중에서 리바운드 스윙 기법을 예로 든 바 있다. 본 장에서는 같은 예를 이용하여 관심 종목을 가려내는 데 우뇌의 힘을 어떻게 빌릴 수 있는지 소개할 예정이다.

리바운드 스윙 기법을 적용하기 위해서는 한눈에 명확하게 알아볼 수 있을 만큼 지지선과 저항선이 분명하게 나타나는 주식을 찾아야 한다. 지지선과 저항선이라는 개념은 불분명하면서도 주관적이기 때문에 이런 작업을 처리할 때는 우뇌를 적극적으로 활용해야 한다.

리바운드 스윙 트레이딩에 어울릴 종목들을 찾아내기 위해 나는 두 눈과 우뇌를 이용하여 아주 빠른 시간 안에 주관적인 분석을 끝마친다. 차트상으로 명확하게 알아볼 수 있는 지지선과 저항선이 존재하는가? 이는 '예' 또는 '아니오'로 대답할 수 있는 간단한 질문이다. 만일 대답이 '예'일 경우 해당 주식을 관심 종목 명단에 올리면 되고, 대답이 '아니오'일 경우 명단에는 올리지 않되 일주일 정도가 지난 후에 기준을 충족시킬지도 모르니 나중에 확인해보도록 메모해두면 된다.

해당 종목을 관심 종목 명단에 올려놓을지 여부를 결정짓는 중요한 질문에 즉각적으로 답할 수 있어야 한다. 시장 상황을 살펴볼 때 질문에 대답하는 데 시간이 걸린다면 당신은 지력을 이

용하고 있는 것이다. 이렇듯 지적인 능력을 대신 사용하면 직감을 훈련시킬 수 없으므로 질문에 신속하게 대답하도록 스스로 재촉해야 한다. 답이 틀릴까 봐 걱정할 필요는 없다. 1초 안에 대답을 결정하면 된다. 지지선과 저항선이 분명하게 나타나는가? 잘 모르겠으면 더 이상 생각해볼 필요도 없이 대답은 '아니오' 다. 지지선과 저항선이 형성되지 않았거나 눈대중으로 알아볼 수 있을 만큼 분명하게 드러나지 않은 경우이다. 질문을 던졌을 때 곧바로 '예' 라고 답할 수 없다면 대답은 '아니오' 인 셈이다. 그런 경우에는 주저하지 말고 다음 종목으로 넘어가라.

(3)매매 촉발 요인을 설정하라

관심 종목을 모두 선택했다면 다음 단계는 어떤 현상이 일어났을 때 이 주식들을 실제로 매수하거나 매도할 것인지 결정하는 일이다. 매매의 도화선 역할을 할 촉발 요인을 정해두어야 한다.

이 단계에서는 관심 종목의 수를 한층 더 줄이는 것이 목적이다. 주가가 특정 수준을 넘어서거나 그 이하로 떨어질 경우에 대비하여 매매 신호를 설정해둘 정도로 매수나 매도에 적합한 단계에 거의 다다른 종목들을 선별해내고자 하는 것이다. 당신은 특정 주식을 매수할지, 매도할지, 아니면 둘 중 어느 길도 택하지 않을지 결정하려고 한다. 이 단계 역시 주관적인 기준에 바탕을 두고 있으므로 직관적인 판단에 더할 나위 없이 적합하다. 따라서 직관을 훈련시키고 싶다면 최단 시간 안에 답을 도출하는 데 전력을 기울여라.

그림 7.2 | 도화선으로 작용할 기준 설정

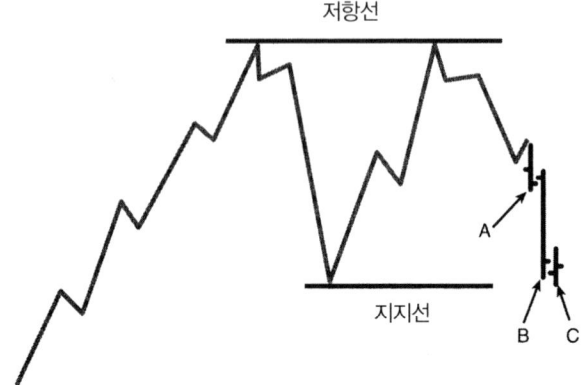

그림 7.2는 리바운드 스윙 기법을 적용할 때 이용하는 기준을 그래프로 나타낸 것이다.

리바운드 스윙 기법을 이용할 때 주가가 거래의 도화선으로 작용할 기준을 충족시키기 위해서는 주식이 지지선을 방어하고 눈에 띨 만큼 반등해야 하며, 수익 잠재력이 시장 진입 리스크에 비해 2~4배 정도 커야 한다. 이러한 기준들을 그림 7.2에 적용시켜 보면, 주가가 봉 A의 고가를 돌파하더라도 둘 중 어느 기준도 충족시키지 못한다는 사실을 알 수 있다. 주가가 지지선을 방어하고 반등세를 보이지도 않을뿐더러, 시장에서 빠져나갈 시점을 지지선 바로 아래 가격으로 설정할 때 수익 잠재력 또한 시장 진입 리스크와 거의 비슷한 정도임을 알 수 있다.

봉 B의 고가를 넘어서는 주가가 지지선을 방어하고 눈에 띄는 반등세를 보이지만, 반등 폭이 너무 크다는 인상을 지우기가 어럽다. 주가가 이 정도의 상승세를 보일 때쯤이면 이미 지지선과의 거리가 매우 멀어진 뒤이므로 거래에 나서기에는 리스크가 너무 크다. 이러한 이유로 봉 B는 두 번째 기준을 충족시키지 못한다. 시장에 진입하는 리스크에 비해 잠재적인 수익이 충분히 크지 않기 때문이다. 우리가 추구하는 이상적인 잠재 수익 대비 리스크의 비율은 2:1에서 4:1 사이인데, 이 사례의 경우는 1:1의 비율을 보인다는 것이 문제다.

한편, 봉 C는 두 가지 기준을 모두 충족시킨다. 봉 C의 고가를 넘어서는 주가가 지지선을 방어하고 두드러지는 반등세를 보일 뿐 아니라 주가가 저항선에 다다를 경우 잠재적인 수익도 시장 진입 리스크보다 5~6배 정도 크기 때문이다.

이 차트에 가격이 누락되어 있는 이유는 내가 일부러 적어 넣지 않았기 때문이다. 필요하지도 않을뿐더러 직관을 훈련시키는 데 방해가 될 소지가 있기 때문이다. 우뇌는 숫자에는 신경도 쓰지 않는다. 오직 봉과 봉 사이의 관계에 대해서만 관심이 있는데, 이는 숫자를 이용하지 않더라도 도식화하는 데 전혀 문제가 없다. 이미 전 단계에서 좋은 주식을 찾을 때 이 사례에서는 지지선과 저항선의 거리가 충분히 멀다는 사실을 알고 있었을 것이므로 숫자가 더 이상 필요하지 않은 것이다.

약간의 연습을 거치면 특정 주식의 차트를 살펴보고 매매 신호를 설정할 필요가 있는지 없는지 신속하게 판단할 수 있다. 1~2초 정도의 시간만 있더라도 결정을 내릴 수 있을 것이다. 만일 몇 초 내에 판단이 서지 않는다면 매매 신호를 설정하지 않으면 된다. 이는 이렇게나 간단한 작업이다.

(4)준비를 마치고 주문을 넣어라

매매 신호를 설정한 후에는 긴장을 풀 수 있는 시간적인 여유가 약간 생긴다. 이럴 때에는 매매 신호가 울릴 때까지 차트를 훑어보면서 정확하게 어느 시점에 시장을 빠져나가면 좋을지 생각해보면 좋다. 이러한 작업을 통해 리스크 수준을 정확하게 파악할 수 있으며, 이는 거래량을 결정할 때 큰 도움이 될 수 있다. 포지션 크기를 결정하는 기법 중에서 마음에 드는 기법을 아무것이나 선택하면 된다. (포지션 크기를 결정하는 최고의 알고리즘을 찾아내는 데 도움이 필요하다면 책 마지막 부분에 실린 참고문헌을 참조하기 바란다.)

손절가를 설정하는 일은 리바운드 스윙 기법을 이용할 때 주관적으로 판단할 수밖에 없는 또 한 가지 부분이다. 손절가를 지지수준 바로 아래에 설정하는 것이 바람직한데, 주가가 이전에 형성한 지지선 부근에서 왔다갔다하기 때문에 이 지점을 분명하게 찾아내기가 다소 애매한 구석이 있다. 우선 지지선이라고 생각되는 선을 눈대중으로 고르고, 그 선 밑에 있는 가격을 선택하도록 한다. 우뇌를 강제로 밀어붙여 이 작업을 반드시 시각적으로 처리해야 한다는 사실을 명심하라. 그런 다음에 차트의 측면을 보고 실제 가격이 어떻게 되는지 확인하면 된다. 특정한 거래일의 고가와 저가를 이용하여 정확한 가격을 확인하는 방법도 있다. 직관력을 활용하여 가격을 신속하게 선택한 후 그 다음에서야 분석적인 좌뇌의 도움을 받아 정확한 가격을 결정해야 한다는 사실을 기억해두자.

　여기까지 준비 과정을 제대로 거쳤다면 매매 신호가 울릴 때 브로커를 통해 매수 주문을 넣는 데 필요한 정보를 다 갖춘 상태일 것이다. 주문을 넣기 전에 마지막으로 한 번 더 상황을 점검해보는 것이 좋다. 전체적인 주식시장이 당신이 설정한 시장 진입 조건에 들어맞는지 확인해보라. 5분, 15분 또는 시간별로 주가가 나와 있는 차트를 구할 수 있다면 이 작업에 불과 몇 초밖에 소요되지 않을 것이다.

　스윙 리바운드 기법을 이용할 때 시장이 매수나 매도에 나서기 좋은 시점이라고 알려오지 않았을 때는 주문을 넣지 말고 기다려야 한다. 시장이 진입 조건에 근접한 움직임을 보일 뿐 조건을 아직 완벽하게 충족시키지는 못했다면, 주문을 넣기 전에 해당 종목에 매매 신호를 설정해두고 그 신호가 울릴 때까지 잠자코 기다려라.

▎단순함과 신속함을 계속 유지하라

　직관을 이용하여 거래 연습을 할 때의 핵심은 억지로라도 작업을 단순하고 신속하게 유지해나가는 것이다. 연습 목표를 지나치게 단순화시키는 것이 아닌가 하는 생각이 들지도 모르겠으나, 나는 대부분의 트레이더들이 직관을 활용하는 것이 훨씬 나을 때에도 좌뇌가 지배하도록 내버려둔다는 사실을 알게 되었다.

　짧은 시간 안에 결정을 내려야 하는 상황이 닥치면, 불필요한 분석을 하면서 그림을 복잡하게 만들 시간이 없다. 이처럼 복잡한 분석을 하지 않아도 될 때에는 신속하게 행동하기가 훨씬 수월해진다. 단순함은 신속함을 낳고, 신속함은 작업이 단순해지도록 강요한다.

연습할 때는 구체적인 목표를 세워두면 편하다. 앞서 살펴본 각각의 단계마다 아주 구체적인 질문이 한두 개씩 있었던 사실을 기억해두라. 매수에 나서도 될 만큼 시장이 준비되어 있는가? 해당 종목이 분명한 지지수준과 저항수준을 보이는가? 주가가 전일 고가를 웃돌 때 해당 종목이 지지선을 방어하고 눈에 띌 만한 반등세를 보였다고 말할 수 있는가? 주가가 저항수준에 도달하기 전에 상승 여력이 남아 있을 만큼 그 고가가 차트상에서 충분히 낮게 위치하고 있는가?

직관적으로 결정을 내리는 법을 충분히 연습했다면 차트를 흘끗 보고도 위의 질문들에 대한 대답을 재빠르게 찾을 수 있을 것이다. 분석하는 데 들이는 시간을 의도적으로 줄여나감으로써 의사 결정 과정을 필요 이상으로 복잡하게 만들지 않도록 연습해야 한다.

이미 베테랑 트레이더가 된 것처럼 연습해야 진짜 베테랑 트레이더가 될 수 있다. 베테랑 트레이더들이 순식간에 결정을 내리는 만큼 독자들도 결정을 빨리 내릴 수 있도록 연습하기를 바란다. 이때 반드시 기억해두어야 할 것은 질문을 머릿속에 떠올리고 나서 주저하게 된다면 대답은 무조건 '아니오'라는 점이다.

그리고 '아니오'라고 대답하는 일은 언제든지 눈 깜짝할 사이에 할 수 있다.

단순함과 신속함은 베테랑 트레이더들이 갖고 있는 대표적인 자질이다.

제8장

신기술을 이용할 줄 아는 최고의 트레이더

TRADING FROM YOUR GUT

"한 대의 기계는 50명의 평범한 사람들이 할 일을 대신 할 수 있다.
하지만 한 명의 뛰어난 사람이 할 일을 대신 할 수 있는 기계는 없다."

―**엘버트 허버드**(Elbert Hubbard)

8

Techno
Traders

몇 년 전 나는 친구 애스트리드Astrid에게서 한 통의 이메일을 받았다. 플로리다 주 올랜도에 있는 스카이벤처SkyVenture 수직 풍동에서 그의 스카이다이빙 팀이 연습을 하게 되었는데, 혹시 와서 같이 연습할 생각이 있느냐는 내용이었다.

수직 풍동이란 성긴 망상網狀 스크린 두 개를 바닥과 바닥으로부터 6m 높이에 설치하여 바람이 통하도록 만든 지름 3.6m의 둥근 공간이다. 터널의 천장에는 여러 개의 대형 선풍기가 달려 있어 시속 200km에 조금 못 미치는 속도로 터널 안의 바람을 빨아들인다.

유체역학에서는 이 속도를 일컬어 종단終端 속도라고 부르는데, 이는 인체가 바람으로부터 받는 항력과 중력의 크기가 똑같아져 인체가 가속을 멈출 때의 속도를 의미한다. 헬리콥터나 열

기구처럼 정지해 있는 물체에서 뛰어내리면 종단 속도에 이르기까지 고작 몇 초밖에 걸리지 않는다. 그 이후에는 자유낙하하는 동안 계속 똑같은 종단 속도로 떨어지게 된다. 종단 속도로 작동되는 풍동 안에서는 공중에 떠있는 일이 가능한데, 누군가가 옆에 나 있는 창문으로 들여다본다면 마치 움직이고 있지 않은 것처럼 보일 수도 있다.

스카이다이빙 팀들이 종종 이러한 풍동을 이용하여 연습하는 이유는 두 가지다. 첫째는 비행기에서 낙하하는 것에 비해 시간 대비 가격이 저렴하기 때문이고, 둘째는 스카이다이빙을 짧은 시간 안에 여러 번 즐길 수 있기 때문이다. 실제 비행기에서 뛰어내리려면 우선 비행기가 특정 고도까지 올라가야 하는데, 이는 상당한 시간을 필요로 한다. 뿐만 아니라 스카이다이버가 낙하산을 펼치고 나서 지상에 착지한 다음 낙하산을 챙기기까지의 일련의 과정 역시 많은 시간을 요한다. 부리나케 움직이고 낙하산을 두 개 준비하더라도 하루에 고작 7~10회 정도의 기회밖에 생기지 않을 것이다. 그러나 풍동 안에서는 바람의 기류에 몸을 맡기기만 하면 된다. 공중에 떠서 날기까지 불과 몇 초밖에는 걸리지 않는다.

애스트리드의 팀은 며칠에 걸쳐 수십 시간 동안 풍동을 예약했던 터라 팀이 연습하지 않는 사이사이에 남는 시간을 메워줄 친구들이 필요했다. 온종일 쉬지 않고 계속 연습하면 너무 지치기 때문에 애스트리드는 내가 혹시 그 친구 중 한 명이 되어줄 수 있는지 물었던 것이다. 애스트리드는 세계적인 스카이다이버였기 때문에 나는 그 제안을 결코 거절할 수가 없었다.

애스트리드의 팀을 풍동 안에서 만나기 전까지 나는 1년 반 정도의 스카이다이빙 경력이 있었다. 비행기에서 낙하한 경험이 무려 165회나 되었지만, 사실상 스카이다이빙을 연습한 시간은 도합 세 시간도 채 되지 않았다. 점프의 유형에 따라 다르기는 하지만 한 번 낙하할 때 1분 이상 걸리는 경우는 거의 없다. 그래서 내가 자유 낙하한 시간을 전부 합치더라도 총 165분이 채 되지 않았던 것이다.

자유낙하를 직접 경험해보기 전까지는 날아다니는 것이 그다지 어렵지 않을 것으로 생각했었다. 하지만, 막상 낙하산을 메고 뛰어내려 보니 보기보다 그렇게 쉬운 일이 아니었다. 시속 200km 가까이 되는 속도로 바람이 불면 그 바람에는 엄청난 힘이 실리게 된다. 다리 하나를 다른 다리보다 조금 더 내밀기만 하더라도 몸이 뒤집어지거나 정신없이 빙빙 돌게 될 위험이 있다. 공중에서 너무 빠른 속도로 돌면 혈액이 뇌에서 팔다리로 빠져나가 뇌 산소 결핍에 시달리게 되어 의식을 잃기가 쉽다. 스카이다이빙은 이처럼 위험한 스포츠이다.

풍동 안에서 애스트리드의 팀을 만났을 당시 나는 공중에서 균형을 잡고 이리저리 움직이는 것을 비교적 손쉽게 할 수 있었지만, 의식적으로 지력을 이용하여 스카이다이빙을 하고 있었다. 공중에 떠서 몸을 움직이려면 신체부위를 의식적으로 통제해야만 했던 것이다. 위로 올라가고 싶으면 바람에 닿는 표면적이

더 넓어지도록 몸을 쭉 펴야 한다는 사실을 알고 있었고, 밑으로 내려가고 싶으면 항력이 줄어들도록 팔다리를 몸통에 가까이 붙여야 한다는 사실도 알고 있었다. 방향 전환을 위해서는 회전력을 얻을 수 있도록 양손을 왼쪽이나 오른쪽으로 틀어야 한다는 것 역시 알고 있었다. 이렇듯 나는 공중에서 능숙하게 움직일 수 있었지만, 동작이 굼뜨고 너무 의식적으로 움직였다. 직관을 활용할 줄 아는 스카이다이버가 아니었던 것이다.

풍동 안에서 하루를 보내고 나니 나는 어느새 터널에 익숙해져 있었다. 풍동 안에서 날아다니는 것은 비행기에서 뛰어내려 한결 부드러운 바람을 가르며 나는 것보다 어려웠다. 더 정확한 동작으로 움직여야 했기 때문이었다. 애스트리드와 그녀의 팀원들이 몇 가지 요령을 가르쳐주었다. 나는 다리를 어떻게 움직여야 방향 회전을 더 빨리 할 수 있는지를 배웠고, 터널의 가장자리에서는 바람이 소용돌이치기 때문에 그쪽으로는 가지 않는 편이 낫다는 사실도 배웠다.

요령을 익힌 지 얼마 되지 않아서 애스트리드가 게임을 하자는 제안을 했다. 몸을 어떻게 움직여야 하는 지에는 신경 쓰지 말고 자기가 터널 벽 이곳저곳을 손으로 짚을 테니 자기를 따라오기만 하면 된다는 것이었다. 애스트리드는 처음에는 스크린이 설치된 바닥 근처의 지점을 골랐고, 그다음에는 반대쪽 벽에 위치한 더 높은 지점을 골랐으며, 나중에는 아주 높이 있는 지점을 손으로 짚었다. 그녀를 따라다니려다 보니 나는 배운 지식을 총동

원하여 상하좌우로 최대한 빨리 움직여야만 했다.

때로는 반 바퀴 회전하고 나서 밑으로 내려가야 할 때도 있었고, 90도 정도만 회전한 채 위로 다시 올라가야 할 때도 있었다. 애스트리드를 따라 재빠르게 이동하기 위해서는 그녀가 시야에서 벗어나지 않도록 노력해야 했다. 이 게임은 대단히 유용한 훈련이기도 했지만, 상당한 재미도 있었다. 나는 최대한 신속하게 움직이려고 애썼으나, 애스트리드는 언제나 나보다 조금 더 빠른 속도로 움직이면서 나를 이끌어주고 더 빨리 움직이도록 재촉했다.

애스트리드와 게임을 15~20분 정도 하고 나서 몇 시간이 지난 뒤, 놀라운 일이 나에게 벌어졌다. 몸을 어떻게 움직여야 하는지 생각할 필요가 없어진 것이다. 나는 무의식적으로 직관을 이용하여 움직이고 있었다. 더 이상 좌뇌에만 의존하지 않고 양쪽 뇌를 골고루 활용하고 있었던 것이다. 이러한 변화를 겪고 나서 나는 풍동 안을 한번 날아다녀 봤다. 놀랍게도 좌뇌만 활용하던 때에 비해 무려 3~4배나 빠른 속도로 날아다닐 수 있었다. 드디어 직관적으로 비행하는 스카이다이버가 된 것이다.

고가의 기술 덕분에 나는 일반적인 상황에서 배울 때에 비해 훨씬 적은 시간을 들여 상급 수준의 실력을 갖춘 스카이다이버가 될 수 있었다. 풍동이 가진 기술이 나로 하여금 연습량을 늘릴 수 있게 해주었고 스카이다이빙 기술을 습득하기에 보다 정밀한 환경을 제공해주었다. 신기술이야말로 수년간에 걸쳐 얻을 수 있는 비결과 비행 감각을 단 며칠 만에 안겨준 고마운 도구였다.

베테랑 트레이더들 역시 이와 비슷한 이유로 신기술을 활용한다. 신기술은 기량이 녹슬지 않고 직관이 날카로움을 유지하도록 도울 뿐만 아니라, 거래 기회가 있을 만한 종목을 열 개 정도밖에 훑어보지 못할 시간에 수백에서 수천 개나 면밀히 살펴볼 수 있게 해주기 때문이다. 베테랑 트레이더들은 정보를 습득하는 속도를 높이는 데 기술을 이용하는 셈이다. 따라서 시장이 어느 시점에선가 거래 기회를 제시하면 이들은 놓치지 않고 그 기회를 포착할 준비가 되어 있다.

| 신기술을 이용하는 거래의 장점

나는 아직 고등학생일 당시에 애플 II 컴퓨터를 이용하여 거래 시스템을 프로그래밍하는 일을 시작했다. 그 당시에 이 정도의 기술력은 첨단 기술에 해당했다. 터틀 시절에 우리가 받은 주식 시세표에는 달랑 가격만 적혀 있었다. 다시 말해 종목별로 고가, 저가, 종가, 전일 대비 주가 등락률, 그리고 거래량만 기재되어 있었다. 그것이 전부였다.

우리는 각자 보유하고 있던 종목들의 주가를 종이에 일일이 그래프로 그려야 했다. 일중 차트 같은 것은 주어지지 않았다. 오로지 기억력과 종이 차트만 참고하여 특정 주가가 두드러질 만한 특징을 지녔는지를 판단해야 했다. 따라서 머릿속에 담아두어야 할 정보의 양을 줄이기 위해서는 아주 간단한 거래 기법을 이용해야만 했다.

다행히도 트레이더들이 이용할 수 있는 기술은 지난 25년 간

놀라울 정도로 눈부신 발전을 이룩했다. 오늘날 베테랑 트레이더들이 이용하는 툴은 빠른 컴퓨터, 속도도 빠르고 신뢰할 수 있는 인터넷, 화면이 큰 여러 개의 모니터, 고급 거래 소프트웨어 등이다. 대부분의 트레이더들은 컴퓨터를 두세 대씩 보유하고 있다. 한 대는 거래 전용 컴퓨터이고, 다른 한 대는 거래와 관련된 자료를 조사할 때 사용하며, 한 대가 더 있는 경우라면 일반적으로 인터넷 검색을 하거나 이메일을 확인하는 용도로 이용하곤 한다.

트레이더들은 이와 같은 신기술을 이용함으로써 좌뇌와 우뇌 간의 건강한 상호 작용을 촉진하고 지속시킬 수 있다. 예를 들어, 직감적으로 특정한 아이디어가 떠오르면 컴퓨터 소프트웨어 프로그램을 이용하여 그 거래 아이디어의 여러 가지 측면을 손쉽게 시험해볼 수 있다. 장기적인 거래의 경우에는 수익을 창출할 수 있는 완전히 자동화된 거래 시스템을 설계하는 것도 가능하다. 중기적인 거래를 위해서는 이러한 작업을 성공적으로 수행하는 데 어려움이 따르기는 하나, 일반적으로 가능한 것으로 알려져 있다.

그러나 오늘날의 발달된 기술력에도 불구하고, 스윙 트레이딩과 같은 단기적인 거래 기법에는 완전히 자동화된 시스템이 오히려 실용성이 떨어지는 경우가 많다. 가장 큰 이유는 일반적으로 구할 수 있는 툴만을 이용할 수밖에 없는 대부분의 트레이더들이 완전하게 자동화된 스윙 트레이딩 전략을 프로그래밍하기에는 한계가 있기 때문이다. 그러므로 잠재적인 단기 거래 아이디어를 제대로 테스트하기 위해서는 좌뇌와 우뇌를 균형 있게 활용할 필요가 있다.

리바운드 스윙 기법에 대해서 잠시 생각해보자. 특정 종목이 지지선과 저항선을 분명하게 나타내는지 여부를 알아채도록 우뇌를 훈련시키는 쉽지만, 이러한 개념을 컴퓨터에 프로그래밍하기는 쉽지 않다. 지지선과 저항선이 주로 시각적인 지각에 기초한 개념들이기 때문이다. 주가가 전일 저가보다 25센트 더 하락할 경우 지지선이 형성되는가? 45센트 하락하는 경우는 어떠한가? 이전에 지지선이 형성된 지 닷새밖에 지나지 않았더라도 문제가 되지는 않는가? 고작 사흘 전이었다면 상황이 달라지는가? 지지선과 저항선 간의 가격 차가 어느 정도 나야 의미가 있다고 말할 수 있는가? 이러한 질문들은 대답이 모두 불분명한 개념들이다.

컴퓨터 프로그램은 구체적인 질문에 따른 분명한 대답을 원한다. 불분명한 개념이나 대답은 선호하지 않는다. 알고리즘을 이용하는 컴퓨터 프로그램들은 좌뇌와 똑같은 성향을 지니고 있다. 짜증이 날만큼 논리적인 면 역시 똑같다. 정확하게 어떤 작업을 수행해야 한다고 구체적인 명령을 받기를 원하며, 큰 그림을 볼 줄 아는 능력은 지니고 있지 않다. 개별적인 나무들은 볼 수 있지만, 숲이 존재한다는 사실은 모르는 것이다.

지지선과 저항선이라는 구체적인 개념을 구성하는 중요한 요소는 다른 트레이더들이 눈대중으로 그 개념들을 어떻게 인지하느냐 하는 점이다. 다른 트레이더들이 지지선과 저항선을 인지함에 따라 주가가 지지선과 저항선을 방어한 후 방향을 트는 경우가 많기 때문이다. 다른 트레이더들이 인지하는 것과 꼭 닮은 개념을 정확하게 프로그래밍하지 못할 경우 해당 거래 기법을 정확하게 테스트해볼 수 없을 것이다. 일반인이 구할 수 있는 가장 뛰어난 거래 컴퓨터와 소프트웨어 프로그램마저도 아직은 이러한 작업을 수행해내지 못한다.

이는 따지고 보면 나쁘게 생각할 일은 아니다. 기술의 힘을 빌 수 없게 된 만큼 직관과 지력을 균형 있게 활용하는 트레이더들이 수익은 올릴 수 있으면서도 자동화될 가능성은 낮은 아이디어들을 직접 테스트해보고 시행할 수 있기 때문이다. 기술의 범위를 약간 넘어선 거래야말로 직관이 뛰어난 기능을 빌휘하노톡 훈련한 트레이더들에게 보다 나은 기회를 제공할 수 있다. 사람의 직관을 본뜬 컴퓨터 프로그램을 쉽게 만들 수 있었다면 거래를 하는 데 더 많은 수의 컴퓨터가 쓰였을 것이고, 골드만 삭스 Goldman Sachs와 같은 커다란 은행에서나 쓸 법한 초고속 컴퓨터를 보유하지 않은 개인 트레이더들에게는 보다 적은 기회만이 돌아왔을 것이다.

| 유용성을 평가하는 지력과 분석력 향상시키기

그럼에도 지력뿐 아니라 직관력도 활용할 줄 아는 트레이더에게도 소프트웨어는 유용한 도구가 될 수 있다. 직관적으로 얻은

거래 아이디어의 유용성 여부를 지력이 따져보는 일을 도울 수 있기 때문이다. 대부분의 실시간 차트 소프트웨어들은 잠재성이 있는 종목에 매매 신호를 설정해두면 시장이 적절한 움직임을 보였을 때 트레이더에게 알려주는 기능을 탑재하고 있다. 아울러 과거의 시장 가격 데이터가 보유하고 있는 엄청난 양의 정보를 걸러낼 수 있도록 도와주기도 한다. 정교한 사후검증 소프트웨어를 이용할 경우 덜 복잡한 거래 기법들을 시험해볼 수 있으며, 직관적으로 얻은 거래 개념들도 부분적으로 테스트해볼 수 있다.

예를 들면, 지지선과 저항선을 정확하게 인식하도록 사후검증 소프트웨어를 프로그래밍할 수는 없더라도 리바운드 스윙 기법의 수익성을 분석하도록 유사한 개념을 테스트해볼 수는 있다. 테스트용 소프트웨어가 지지선과 저항선이라는 개념을 정확하게 포착하지 못하기 때문에 사후검증 소프트웨어를 통해 얻은 결과와 직관을 통해 얻은 결과는 다를 수밖에 없다. 그럼에도 불구하고, 이러한 종류의 테스트는 차트만 봤을 때는 눈에 띄지 않았을지도 모르는 특정한 기법의 취약점을 찾아내는 데 도움이 되는 경우가 있는 만큼 비교적 유용하다고 할 수 있겠다.

정확하게 포착하기 어려운 불분명한 개념이 생길 때면 나는 과거 자료를 검증할 때 이용되는 툴을 사용하여 이러한 개념과 유사한 개념에 해당하는 아이디어들을 테스트한다. 즉, 내가 원하는 개념과 '비슷한 규칙'을 최대한 많이 생각해내어 시험한다. 테스트 성과가 모두 좋고 결과도 대체로 비슷하다면, 이는 불분명한 개념의 타당성이 상당히 높다는 좋은 징조이다. 이처럼 직관적으로 떠올린 특정한 개념과 근접한, 보다 분명하고 구체적인 규칙들을 여러 개 테스트한 결과 이 규칙들이 저마다 거래에서 우위를 확실하게 점하게 해줄 것처럼 보인다면 선택한 접근법을 지적인 측면에서 신뢰하기가 더욱 쉬워질 것이다. 따라서 특정 개념이 불분명하고 우뇌의 시각적인 인식에 바탕을 두고 있더라도 기술을 이용하여 해당 아이디어의 수익성을 점검해볼 수 있다.

이와 같은 테스트를 하는 최상의 방법 중 한 가지는 시장 진입 조건을 해당 거래 기법의 다른 단계들과 분리시키는 것이다. 나는 시장에 진입하고 나서 처음 며칠 동안 주가가 트레이더에게 불리하게 움직이는 정도에 대비하여 유리하게 움직이는 정도는 얼마인지 테스트해보기를 좋아한다. 기술적인 용어를 빌어 설명하자면, 변동성을 고려하여 조정된 매수가 대비 최대 순행폭MFE: maximum favorable excursion이 변동성을 고려하여 조정된 매수가 대비 최대 역행폭MAE: maximum adverse excursion으로 나뉘어진 값을 찾는 것이다. 나는 이 계산을 통해 얻은 값을 우위 비율edge ratio이라고 부른다. 테스트를 마친 후 이 비율을 계산해보고 나면 시장에 진입한 첫 5일 동안 주식이 트레이더에게 불리한 방향보다는 유리한 방향으로 움직일 확률이 평균적으로 두 배 정도 더 많다는 결과를 얻을 수도 있을 것이다. 이 비율을 통해 잠재적으로 수익을 올릴 수 있는 기회에 대한 감을 어느 정도 잡을 수 있다는 점이 상당히 매력적이다. 시장에 진입하고 나서 처음 며칠 동안 주가가 원하지 않는 방향보다는 원하는 방향으로 더 많이 움직일 경우 해당 거래가 스윙 트레이딩 시스템에 적합하다는 긍정적인 신호로 해석할 수 있겠다.

효과가 좋은 또 다른 방법은 내가 제안한 리바운드 스윙 기법처럼 아주 간단한 청산 전략을 이용하여 시장 진입용 아이디어를 테스트하는 방법이다. 그 이후에는 시장 진입 기준과 비슷한 규칙들을 바탕으로 해당 거래의 수익성을 따져보면 된다. 해당 거래가 수익성이 있다는 판단이 설 경우, 불분명한 전략을 시장 진입 시 요구되는 규칙들로 구체화하여 지적인 측면에서 더 큰 확신을 가질 수 있을 것이다.

또 하나의 유용한 기술은 필요조건을 완벽에 가깝게 충족시키는 모든 거래들을 눈으로 살펴보는 것이다. 이 방법은 설정해둔 '비슷한 규칙들'이 모델화하려는 불분명한 아이디어와 어느 정도 유사한지 알 수 있게 해준다. 거래를 직접 살펴볼 경우, 분석하고 있는 개념이 어떤 식으로 작용하는지에 대한 직관적인 감각을 보다 쉽게 익힐 수 있다. 이러한 기술은 당신이 세운 규칙들을 향상시킬 수 있는 방법에 관해 새로운 아이디어를 제공할 수도 있으며, 거래 기법을 전반적으로 업그레이드할 수 있도록 도와줄 수도 있다.

이 방법은 지력과 분석력을 이용하여 특정한 직관의 유용성 여부를 따져볼 수 있는 방법 중 한 가지이다. 소프트웨어 툴을 분석에 이용할 수 있으면 더욱 좋다. 컴퓨터에 특정한 개념을 프로그래밍하기 너무 쉬우면 다른 사람들도 그러한 아이디어를 생각해냈을 확률이 높으며, 그로 인해 그 아이디어가 잠재적으로 수익을 창출할 가능성은 작아질 수밖에 없다는 사실을 염두에 두기 바란다.

직관을 훈련시키는 컴퓨터 기술

컴퓨터 기술은 단지 좌뇌만을 위한 기술이 아니라, 직관을 훈련하는 데도 유용한 수단으로 이용될 수 있다. 내가 풍동의 도움으로 수년 간의 스카이다이빙 훈련을 단 며칠 만의 집중 훈련으로 대체할 수 있었듯이, 컴퓨터 프로그램은 학습 과정의 속도를 높여 직관의 훈련을 도울 수 있다.

거래 소프트웨어는 주식과 시장에 관련된 여러 개의 차트를 빠른 속도로 보여줌으로써 우뇌를 훈련시키는 과정을 자동화하게 도와준다. 최신 차트 소프트웨어를 이용하면 구체적인 기준을 충족시키는 특정한 차트 필터들을 손쉽게 설정할 수 있다. 예를 들어, 주가가 40일 최고가와 40일 최저가 사이에 있는 종목들이나 사상 최고가를 기록한 이력이 있는 종목들, 또는 5~20달러 사이에서 거래되는 종목들을 모두 찾아내도록 설정하는 등 원하는 만큼 여러 가지 기준을 두어 설정할 수 있다. 유명한 증권사들은 이와 같은 기능을 갖춘 소프트웨어를 고객에게 무상으로 제공하기도 한다. 이러한 도구는 흔히 찾아볼 수 있으면서도 매우 강력한 성능을 자랑한다.

　차트 소프트웨어 또는 스크리닝 소프트웨어를 사용하면 수백 개나 되는 차트도 순식간에 훑어볼 수 있다. 이때 우뇌의 시각적인 지각 시스템을 이용하여 특정한 종목이 당신이 설정해둔 기준을 충족시키는지를 재빠르게 확인하라. 그런 후에 관심 종목을 선택하여 매매 신호를 설정할 주식의 명단에 올리면 된다. 이 명단은 설정해둔 거래 기준을 거의 완벽하게 충족시키는 주식들을 찾을 수 있도록 여러 종목을 주기적으로 걸러낼 수 있게 해준다. 이와 같은 작업은 거래를 준비하는 시간을 절약해줄 뿐만 아니라 더 많은 종목들을 효율적으로 훑어보게 해줄 것이다.

　이 부분이야말로 성능이 뛰어난 소프트웨어를 갖고 있을 경우 남보다 앞설 수 있는 요소이다. 성능이 보통 수준밖에 되지 않는 소프트웨어를 이용하면 잠재성이 있는 종목들을 찾아내고 분석하는 데 시간이 더 많이 소요되기 때문에 적은 수의 주식만을 관심 종목 명단에 올릴 수 있다. 반면, 우수한 거래 소프트웨어를 이용할 경우 똑같은 노력을 들이고도 더 많은 수의 종목을 주의 깊게 살펴볼 수 있어 좋다. 이 같은 컴퓨터 기술은 양질의 거래 기회와 직결되는 만큼 거래 소프트웨어를 구입할 때 너무 인색하게 굴지 않기를 권유하는 바이다. 당신이 더 생산적인 방식으로 거래를 할 수 있도록 돕는 소프트웨어가 수익도 더 많이 올려줄 것이라는 사실에는 의심의 여지가 없다.

　전문적인 도구가 더 나은 경우도 있다. 더 낫다는 것은 효과가 있음을 의미한다. 전문가가 되고 싶다면 전문적인 도구에 투자하라. 그것이 다른 증권사로 옮기는 형태이든 수수료나 월 정액 요금을 조금 더 내는 형태이든 간에 추가적으로 부담하는 비용이 아깝지 않을 날이 분명 찾아올 것이다.

| 변화의 속도에 보조를 맞추다

새로운 거래 기술이 수시로 개발되기 때문에 베테랑 트레이더들은 최신 거래 도구를 시험해보는 노력을 게을리하지 않는다. 이들은 효과가 가장 뛰어난 도구가 어떤 것인지 잘 알고 있을뿐더러 알맞은 도구가 직관을 보다 효과적이고 정확하게 활용할 수 있도록 돕는다는 사실 또한 알고 있으므로 신기술을 부지런히 시험하고는 한다.

기술을 올바르게 사용하는 일은 좌뇌와 우뇌 둘 모두에게 유용할 수 있는데, 이는 지적인 능력을 향상시킬 뿐만 아니라 직관이 제 기능을 다하도록 도울 수 있기 때문이다. 아울러 각각의 뇌를 가장 효율적으로 활용하는 거래 과정을 개발하도록 도울 수 있으므로 양쪽 뇌 사이의 균형을 유지하는 데도 유용하다.

좌뇌는 우뇌가 패턴을 찾거나 복잡한 그림을 이해하거나 나무가 아닌 숲 전체를 보는 데 더 적합하다는 사실을 알고 있다. 각각의 뇌가 최상의 능력을 발휘할 수 있도록 기술을 이용하면 양쪽 뇌 사이에 신뢰 관계가 형성된다. 직관은 지력이 보좌할 것을 알고 있을 때 패턴을 더욱 효과적으로 찾아낼 수 있다. 직관을 갈고 닦기 위해 기술을 이용하여 수년간의 데이터를 훑어본다면 더욱 자신 있게 거래에 임할 수 있을 것이다.

　기술은 그저 도구에 불과하지만, 트레이더로서 균형감을 기르는 데 사용한다면 상당한 도움이 될 것이다.

제9장

균형으로 최상의 거래를 만들다

TRADING FROM YOUR GUT

"잘 훈련된 본능은 이성과 타협할 줄 안다."

―**조지 산타야나**(George Santayana)

9

A Careful
Balancing Act

젊은 시절에 나는 감정을 통제하며 논리적이고 이성적인 원칙에 근거해 살아가는 것이 가장 중요하다고 여겼다. 내가 일찍 성공할 수 있었던 것도 지적인 능력과 명석한 두뇌, 그리고 적지 않은 행운 덕분이라고 생각했다. 직관의 가치는 과소평가했던 것이다.

20년 전에 스탠리 앵그리스트Stanley Angrist가 《월스트리트저널The Wall Street Journal》에 터틀에 관한 기사를 실으려고 인터뷰를 요청해 내가 다른 터틀들보다 더 크게 성공할 수 있었던 비결에 대해 물은 적이 있었다. 나는 내가 아무래도 나이가 어리다 보니 두려움이 더 적어서 그런 것 같다고 대답했다. 다른 터틀 중 일부는 두려움으로 인해 거래 초반에 특히 더 주저하는 모습을 보인 적도 있었기 때문이다.

그러나 세월이 흐르자 내가 터틀로서 성공할 수 있었던 이유에 대해 달리 생각하게 되었다. 졸저 『터틀의 방식』에서 나는 거래의 가장 중요한 요소로 정서적, 심리적 강인함을 꼽은 바 있다. 하지만 지금은 이 말이 맞기는 하되 불완전할뿐더러 오해를 불러일으킬 소지도 있다는 생각이 든다. 직관의 가치를 과소평가했기 때문이다.

강하고 굳센 것, 즉 마초적인 지성만으로는 충분하지 않다. 거래는 전 세계적으로 가장 강인한 사람들이 벌이는 전투는 아니다. 자신감과 용기의 근원이 중요한 것이다. 지성과 본능, 지력과 직관력을 골고루 활용할 줄 아는 트레이더들은 감정적으로 보다 수월한 길을 걸을 수 있다. 우뇌가 '안 돼!' 라고 외치는데도 직관에 맞서 싸우고 좌뇌가 우세하도록 내버려두는 트레이더들은 역경이 닥쳤을 때 거래를 계속해나가기가 훨씬 힘들 수밖에 없다.

나는 직감을 믿었기 때문에 터틀 시절에도 남보다 손쉽게 거래할 수 있었다. 즉, 직관적으로 거래했기에 어렵지 않았던 것이다. 자신의 본능을 믿지 않았던 다른 터틀들은 모든 행동을 일일이 좌뇌를 통해 설명하고 싶어했기 때문에 나보다 훨씬 더 힘든 시간을 보내야 했다.

이는 결국 신뢰의 문제로 귀결된다. 아무리 사전 준비를 잘하더라도 본인이 선택한 거래 전략을 신뢰하지 않으면 자신감을 갖고 일을 계획대로 진행시킬 수 없을 것이다. 성공적인 트레이더가 되는 데 필수인 '정서적이고 심리적인 강인함'을 드러낼 기회가 없는 셈이다.

이 책에서 내가 직관이 거래에 미치는 영향을 과장하는 것처럼 느껴진다면 그것은 대부분의 트레이더들이 직관과 본능을 충분히 활용하지 않는다고 생각하기 때문이지, 결코 직관만으로 성공적인 거래가 가능하다고 여기거나 직관이 지적인 능력보다 우월하다고 생각하기 때문은 아니다.

성공적인 거래는 지력과 직관력 간의 균형을 요하며, 이는 양쪽 두뇌가 각각 가장 잘 할 수 있는 일을 하도록 허락하는 것을 말하기도 한다. 최상의 실력을 선보이고 싶다면 이성과 본능이 타협하여 서로 보완해주겠다는 데 동의해야 한다. 이것이 바로 거래의 중도이다.

| 직관이 균형을 잃지 않도록 도와라

직관을 활용한다고 해서 결코 실수를 하지 않는 것은 아니다. 때로는 헛수고도 할 것이고, 처음에는 수익을 많이 창출하리라고 기대했던 패턴이 막상 살펴보니 그렇지 않다는 사실을 깨닫게 되는 경우도 생길 것이다. 이럴 때는 분석적인 본성을 지닌 좌뇌가 발벗고 나서 직관에게 올바른 방향을 제시할 수 있어야 한다. 직관이 틀렸을 때 바로잡아주고, 바위가 많은 해안가 쪽으로 향하는 배의 형상이 되지 않도록 방향을 올바르게 잡아줄 필요가 있다. 분석과 직관은 밀접한 관계 속에서 균형을 이루며 작용해야 한다.

문제는 어떻게 해야 이러한 균형을 이루어내고 또 유지할 수 있는가 하는 점이다. 균형에 대해 논하기는 쉽지만, 이 같은 개념을 실전에 적용시킬 줄 알아야 실질적인 도움이 될 수 있다. 주식 시장이 아닌 다른 분야의 사례를 통해 이 과정을 좀 더 쉽게 설명할 수 있을지도 모르겠다.

1985년경에 연구 심리학자 게리 클레인Gary Klein은 동료 몇 명과 함께 소방관이나 간호사, 군인들이 실제로 결정을 내리는 방법을 연구하기 시작했다. 클레인이 도출해낸 연구 결과는 실로 놀라웠다. 연구에 착수하기 전, 클레인과 그의 동료들은 결정을 내리는 최고의 방법은 당사자가 합리적인 분석을 통해 여러 가지 선택사항을 조심스럽게 저울질하는 것이라고 믿었다. 그러나 놀랍게도 클레인과 동료 연구진은 전문적인 소방관과 간호사, 군지도자들이 여러 개의 선택사항을 두고 논리적으로 따져보지 않는다는 사실을 알아냈다. 예상과 달리 대다수의 전문가들은 직관을 이용하고 있었던 것이다. 선택할 수 있는 대안들을 꼼꼼히 비교하는 대신 이들은 상황의 패턴을 직관적으로 인식해가며 행동하고 있었다. 이들 대부분은 올바른 행동 지침에 대해서 '생각해 볼 필요도 없다'고 대답했으며, '어떤 행동을 취해야 하는지 그냥 알 수 있다'고 털어놓았다. 과거에 겪은 유사한 경험을 바탕으로 거의 즉각적으로 행동 계획을 발전시켰다.

클레인은 연구 결과의 한 측면에 특히 놀라움을 표했다. 그는 연구를 시작하기 전에는 '초보자들'이나 머릿속에 떠오르는 첫 번째 계획을 충동적으로 선택할 것이라고 생각했으며, 이들이 여러 가지 대안을 고려할 가능성은 적을 것으로 여겼었다. 반면,

'전문가들'은 다양한 시나리오를 훑어본 다음 그 결과를 토대로 결정을 내릴 것으로 생각했었다. 전문가들이 경험이 더 많은 만큼 더 많은 수의 잠재적인 시나리오를 검토해볼 수 있을 것으로 여긴 셈이다.

그러나 결과는 정반대였다. 전문가들은 거의 즉각적으로 오로지 '특정한 한 가지의 행동 지침' 만을 준비하는 모습을 보였다. 그런 다음 이 방책이 실행 가능하다는 판단이 설 경우 주저하지 않고 실행에 옮겼다. 전문가들은 생각할 필요도 없이 직관적으로 올바른 해답을 찾아냈다. 우뇌가 상향식 사고 과정을 거쳐 문제의 해답을 순식간에 도출해낸 것이다.

이와 반대로, 초보자들은 여러 가지 대안을 꼼꼼히 비교해보느라 의사 결정 과정에 훨씬 더 많은 시간을 들여야 했다. 이들은 과거에 유사한 경험을 겪은 경우가 많지 않기 때문에 어떤 대안이 여러 개 중에서 확실히 우수한지 재빠르게 알아내지 못했다. 초보자들은 지력을 이용하는 데 시간을 다 소비하고 말았다.

여기서 중요한 사항은 전문가들이 '**직관을 이용하여 최초의 계획을 세우고 나서 좌뇌의 분석력에 힘입어 해당 계획의 실행 가능성 여부를 점검했다**' 는 점이다. 이들은 다음과 같은 질문을 스스로에게 던지며 선택한 계획을 따져보았다. '내가 혹시 놓친 부분은 없는가?', '이러한 접근법을 취할 시간적인 여유가 있는가?', '혹시 더 안전한 대안은 없는가?', '이 방법이 과연 효과가 있을 것인가?'

지력과 직관력이 서로 밀접하게 작용하고, 각각 가장 자신 있는 기능을 수행할 때에서야 우리는 비로소 거래의 중도를 걸을 수 있다.

클레인이 연구했던 전문가들은 지력이 나아갈 방향을 잡는 데 있어 직관의 도움을 받았기 때문에 열등한 대안들에 대해 생각하는 데 시간을 낭비하지 않을 수 있었다. 이렇듯 거래에서도 직관이 전략을 발전시키는 과정에서 큰 도움이 될 수 있다. 직관이 거래의 방향을 잡고 나면, 선택한 전략이 효과를 발휘하도록 지력이 제 역할을 다하면 된다. 거래가 시작된 후에는 직관이 다시 우세하게 작용함으로써 거래 전략을 구성하는 여러 가지 패턴들을 인식할 수 있을 것이다.

직관력과 지력의 올바른 상호 작용이야말로 베테랑 트레이더임을 증명해준다.

| 거래에서의 균형 잡기

전략을 발전시키는 데 있어서 지력과 직관력 간의 '건강한' 협력 관계를 보여주는 예를 통해 이 둘 간의 균형을 유지하는 한 가지 방법을 생각해볼 수 있다. 여러 개의 관심 종목 중 다수의 종목에서 주가가 큰 폭의 상승세를 보이기 전에 특정한 가격 패턴이 나타난다는 사실을 우뇌가 발견했다고 가정해보자. 좀 더 명확하게 이해할 수 있도록 인사이드 데이*가 형성되고 아웃사

---

* inside day: 전일에 비해 고가는 하락하고 저가는 상승한 거래일. 우리말로 '포아형'이라고 부르기도 한다.—옮긴이

이드 데이*가 뒤이어 형성될 경우 아웃사이드 데이의 종가를 향해 주가가 큰 폭의 상승세를 보이는 경향이 있다는 사실을 알아냈다고 생각해보자. 우리의 직관은 인사이드 데이가 형성되고 나서 더 높은 종가를 기록하는 아웃사이드 데이가 형성될 경우에는 매수에 나서고, 반대로 더 낮은 종가를 기록하는 아웃사이드 데이가 형성될 경우에는 매도에 나서는 전략을 살펴보라고 이야기할 것이다.

당신의 직관은 거래 전략으로 쓰일 잠재력이 있는 '아이디어를 발견' 해낸 셈이다. 그러나 의심 많은 좌뇌는 이 아이디어가 지니고 있을 만한 잠재적인 문제점들을 파헤쳐볼 수밖에 없다.

- **시각적인 지각 편향** | 우리의 지력은 시각적인 지각 시스템이 차트를 훑어보다가 눈에 분명하게 띄는 사항은 인식하고, 그보다 덜한 사항은 무시하는 경향이 있다는 것을 알고 있다. 이는 트레이더들의 시선이 큰 폭의 움직임을 보이는 가격과 그러한 움직임이 있기 이전에 나타나는 패턴에 쏠린다는 의미이다. 그러나 한편으로는 똑같은 패턴이 안정된 가격 범위 내에서 나타날 경우 이를 눈치채지 못할 수도 있다는 의미이기도 하다. 이러한 문제로 인해 해당 패턴이 실제보다 더 의미가 있다고 생각할 가능성도 있다.

---

* outside day: 전일에 비해 고가는 상승하고 저가는 하락한 거래일. 우리말로 '장악형' 이라고 부르기도 한다.—옮긴이

해당 패턴이 실제로 거래 기회를 제공하는지 여부를 가려내기 위해서는 보다 체계적인 접근법을 이용하여 패턴을 살펴봐야 한다는 것을 지력은 잘 안다. 이 과정은 대개 좌뇌의 주의력을 활용하여 여러 개의 차트를 '주의 깊게 살펴보는' 것으로 시작된다. 보유하고 있는 모든 데이터에 해당 패턴이 존재하는지에 초점을 맞추어야 한다. 만일 해당 패턴이 실제로 의미가 있는 것으로 판명되면, 그다음에는 사후검증 애플리케이션을 이용하여 이 패턴이 과거에 보인 움직임을 분석해볼 수도 있다. 올바르게 프로그래밍된 컴퓨터는 우뇌처럼 시각적인 지각 편향에 영향을 받지 않을 것이다.

- **불충분한 양의 데이터**| 우리의 지력은 우리가 설령 직관적으로 패턴을 발견했다 하더라도 이 패턴이 상대적으로 제한된 양의 데이터상에서만, 즉 우리가 훑어본 몇몇 개의 차트상에서만 나타나는 것일지도 모른다는 사실을 안다. 우리의 좌뇌는 샘플 데이터가 통계적으로 유의미한 규모일 필요성을 인식하고 있다. 또한 상대적으로 짧은 기간 안에 특정 패턴이 몇 차례 나타나는 현상에 우리의 직관이 쉽게 농락당할 수 있다는 것도 알고 있다.

더 많은 양의 데이터를 이용하여 아이디어의 유용성 여부를 확인하기 위해 지력은 더 많은 수의 차트를 분석하도록 우리의 마음을 움직일 것이다. 몇 년 전으로 더 거슬러 올라가 이 패턴이 당시에도 유용했는지 확인해보는 것도 좋은 방법이다. 패턴이 여전히 의미 있다는 판단이 설 때 사후검증 소프트웨어를 실행시켜 훨씬 더 많은 양의 데이터를 가지고 패턴을 분석해보면 된다.

이 예에서 당신이 직관적으로 떠올린 아이디어가 보다 엄격한 테스트를 거치게 되었다는 점에 주목해보자. 이것이 사실 이상적인 테스트 과정이다. 직관을 활용하여 발전시킨 전략이 실제로 타당성과 수익성을 모두 갖췄다는 점은 지력에게 만족감을 안겨줄 것이고, 이로 인해 확고한 자신감을 갖고 거래에 나설 수 있을 것이다. '좌뇌와 우뇌를 모두' 활용할 수 있기 때문에 해당 전략을 이용한 거래에 자신감이 붙을 수밖에 없다. 이는 트레이더로 하여금 정서적으로나 심리적으로 강인함을 드러내기가 훨씬 수월하도록 만들어준다. 이러한 강인함이야말로 베테랑 트레이더와 일반 트레이더를 구분 짓는 잣대 중 하나이다.

| 마스터 트레이더가 되는 길은 하나의 지속적인 과정이다

지력과 직관력을 능가하는 수준의 거래를 할 수 있다면, 거래를 할 때 수고가 훨씬 덜 든다는 사실을 깨닫게 될 것이다. 결정을 내리느라 괴로운 시간을 보내는 일도 없을 것이고, 똑같은 정보를 살펴보는 데 예전처럼 많은 시간을 투자할 필요도 없을 것이다. 또한 거래가 아닌 다른 활동에 쏟을 시간과 힘이 더 많이 남게 될 것이다.

거래의 대가가 되는 길은 하나의 지속적인 과정이다. 비유적으로 말하자면, 목적지라기보다는 그 목적지까지 나 있는 길인 셈이다. 그 길 위에 있는 동안 시장이나 기술이나 모두 새로운 변화를 맞이할 것이다. 더 어려워지는 일도 생길 것이고, 더 쉽게 다가오는 일도 생길 것이다. 중도를 걸으면 새로운 거래 환경이나 위기, 기회 등에 적응하는 데 도움이 될 수 있다. 기회를 포착하기가 더 수월해질 뿐만 아니라 이러한 기회를 잡을 방법을 알아내기도 더 손쉬워질 것이다.

당신이 베테랑 트레이더로서 중도를 걷는 법을 터득하게 된다면 순전히 합리성에 근거한 거래 방식에 만족하지 않으리라는 생각이 든다. 아마도 중도를 걸을 때 뒤따르는 신속함과 간단함을 선호하게 되리라 예상해본다.

두뇌를 골고루 활용하면 거래를 더 간단하게, 더 신속하게, 더 능숙하게 할 수 있으며, 무엇보다도 수익을 더 많이 창출할 수 있다.

결론

거래의 기술

TRADING FROM YOUR GUT

"거래의 세계가 나에게 거래에 대해 가르쳐줄 때
조금도 봐주는 법이 없었다."

—**제시 리버모어**(Jesse Livermore)

CONCLUSION
The Art of the Trade

거래를 대체할 수 있는 것은 아무것도 없다.

물론 거래를 연습하거나 컴퓨터를 이용해 정보를 수집하는 것이 도움이 될 수는 있다. 관련 서적을 읽고 개별적인 차트를 연구하는 것도 분명 도움이 된다. 그러나 자본금을 걸고 실제로 거래를 하는 것은 그 무엇으로도 대체할 수 없다.

따라서 당신이 거래할 때 양쪽 뇌를 더 효과적으로 사용하는 법을 배우고 싶어하는 당신만의 검증된 기술을 지닌 경험이 풍부한 트레이더든, 이제 막 배우기 시작한 초보 트레이더든 간에 훈련 과정을 시작하는 가장 좋은 방법은 주식 거래용 계좌를 개설하고 돈을 실제로 거는 것이다. 이것이 당신으로 하여금 거래의 세계에서 겪게 될 혹독함에 대비하여 뇌를 골고루 발달시키고 훈련시킬 수 있는 유일한 방법이다.

불행히도 배움이란 실패를 여러 차례 거듭할 수밖에 없는 하나의 과정이다. 실패할 우려가 있을 정도로 위험을 감수하지 않으면 결코 배울 수가 없다. 따라서 돈을 어느 정도 잃을 각오로 시장에 뛰어들어야 비로소 거래에 대해 몸소 배울 수 있다.

때로는 큰 손실이 오히려 더 많은 것을 배울 수 있는 계기가 되는 경우도 있다. 나도 이러한 경험을 한 적이 있는데, 바로 터틀 프로그램의 마지막 해였던 1987년의 일이었다. 은 가격이 약 한 달 만에 11달러에서 15달러로 껑충 뛴 것이 일의 발단이었다. 우리 터틀들은 지지선이 붕괴될 때 기회를 노리는 추세 추종자들이었기 때문에 가격이 11달러를 조금 웃돌아 신고가를 형성했을 때 매수에 나섰다. 그림 C.1을 통해 우리가 시장에 진입한 시점이 언제였으며 시장에서 퇴장할 때까지 가격이 어떻게 움직였는지 살펴볼 수 있다.

나는 은 가격이 매우 낮을 때 매수해서 12.75달러가 조금 넘었을 때 시장 진입가보다 온스 당 약 1.50달러 높은 가격에 매도했기 때문에 이 거래를 통해 상당한 수익을 올릴 수 있었다.* 거래량 5,000온스 중 1,200온스가 내 소유였기 때문에 나는 이 거래를

---

* 터틀들에 대해 다룬 책 『The Complete Turtle Trader』와 지금은 폐간된 《월간 트레이더 잡지(Trader Monthly Magazine)》의 기사에서 마이클 코벨(Michael Covel)은 내가 이 거래에서 엄청난 손해를 보았다고 잘못 기술했다. 이 은 거래는 사실 나에게 커다란 성공을 안겨준 거래였다. ─저자

| 그림 C.1 | 1987년 은 거래

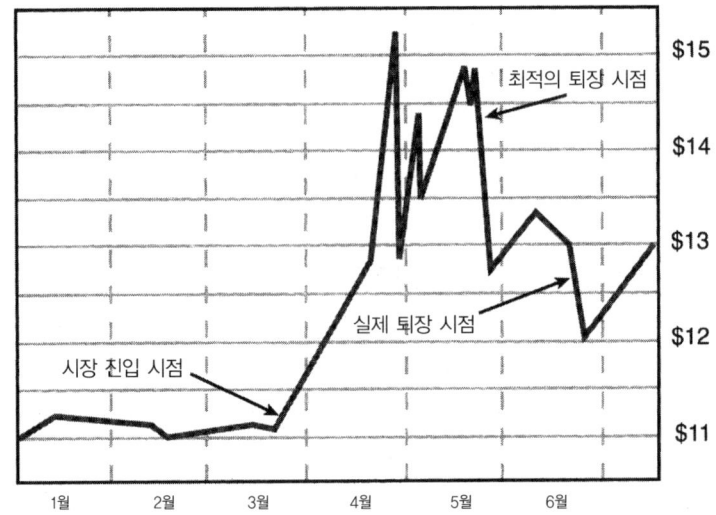

통해 900만 달러나 벌어들였다. 이 액수는 내가 그 해에 자본금으로 책정했던 2천만 달러의 무려 45%에 해당하는 금액이었다. 그럼에도 이 거래에 문제점이 있었다면, 너무 많은 액수의 잠재수익이 손아귀에서 빠져나가도록 내버려두었다는 점이었다.

그 당시에 내가 저질렀던 실수는 거래를 기교와 수완이 필요한 작업으로 인식하지 않고, 나와 시장 간의 기 싸움으로 여겼다는 것이다. 당시에 나는 보유하고 있던 포지션이 나의 이익에 반하는 방향으로 전개되는 아픔을 감내하는 것이 내가 더 나은 트레이더가 되는 길이라고 믿었다.

나는 제시 리버모어의 저서 『주식 매매하는 법How to Trade in

Stocks』에 나오는 충고를 따랐어야 했다.

이 일화는 트레이더들이 특정한 종목을 매수하거나 매도하기에 '좋은 이유'를 찾으려고 애쓰는 것이 어리석은 행동이라는 사실을 잘 보여주는 사례이다. 이유를 알게 될 때까지 손 놓고 기다린다면 적절한 시기에 거래에 나설 기회를 이미 놓친 후일 것이다! 투자자나 투기자가 거래를 성립시켜야 하는 이유를 알고 싶어해야 때가 있다면, 바로 시장의 움직임 그 자체에 대해 생각해볼 때이다. 시장이 올바른 움직임을 보이지 않거나 보여야 할 움직임을 보이지 않을 경우, 그 사실 자체만으로도 의견을 즉각적으로 바꿀 충분한 사유가 된다. 어떤 종목이든 특정한 움직임을 보이는 데에는 반드시 이유가 있게 마련이라는 사실을 항상 염두에 둘 필요가 있다. 그러나 수익을 올릴 기회를 놓친 다음에나 그러한 이유를 알 수 있을 가능성이 크다는 사실 또한 기억하기 바란다.

은 가격은 분명히 올바른 움직임을 보이고 있지 않았다. 몇 년이 지난 후에야, 나는 은 가격이 그랬던 것처럼 시장이 수직으로 움직일 때면 주가의 수직 상승이 항상 급작스럽게 끝나버린다는 사실을 알게 되었다. 시장이 수직으로 움직이다가 한 번 무너져 내리고 나면 사실상 더 이상의 움직임은 없는 셈이다. 물론 주가가 다시 최고가 수준까지 상승하거나 최고가를 돌파할지도 모른다. 그러나 이러한 시장은 참가자들의 심리적인 관점에서 봤을 때는 이미 무너진 시장이나 마찬가지다.

나는 반등세가 막을 내린 후 주가가 폭락하기 시작했을 때, 즉 그림 C.1에 '최적의 퇴장 시점'이라고 표시되어 있는 시점에서 시장을 빠져나갔어야 했다. 이 시점이야말로 가장 이상적인 포지션 청산 시점인 동시에 노련한 트레이더들이 시장에서 퇴장했을 시점이다. 직관에 충분히 주의를 기울이지 않은 탓에 나는 1천만 달러가 넘는 잠재 수익이 수중에 들어올 기회를 놓치고 말았다.

터틀의 일원으로서 나는 훈련 중에 배웠던 논리적이고 체계적인 거래 기법에 너무 많은 무게를 두고 있었다. 우리를 훈련시켰던 리처드 데니스 본인도 항상 이러한 기법을 동원하여 거래하지는 않았다는 사실을 염두에 두었어야 했다. 데니스는 수익을 올리고 나서 시장에서 빠져나갈 때 직관을 이용하기도 했다. 내가 양쪽 뇌를 골고루 사용하여 거래했었더라면 아마도 더 나은 트레이더로 거듭날 수 있었을 것이다.

내가 트레이더가 되는 데 처음으로 관심을 갖게 해준 장본인이자 나의 거래 우상인 리버모어가 직관을 무시하지 말고 따라야 하는 필요성에 대해 설파했던 최초의 시스템 트레이더 중 한 명이라는 사실은 아이러니한 면이 있다. 내가 리버모어의 이야기를 더 주의 깊게 읽고 트레이더로서 지니고 있었던 능력에 대해 자만하지 않았더라면 그가 독자들에게 건넨 충고에 더 귀 기울였을지도 모른다. (다음의 충고 역시 명저 『주식 매매하는 법』에 실린 내용이다.)

1920년대 후반 주식시장이 큰 강세를 보이던 시절에 나는 상당 기간 여러 종류의 주식을 제법 큰 규모로 보유하던 때가 있었다. 이 기간에 시장이 이따금 자연스러운 반응을 보이더라도 나는 단 한 번도 마음이 불편했던 적이 없었다.

그러나 얼마 지나지 않아 장이 마감한 뒤 불안한 생각이 들어 가만히 앉아 있지 못하는 순간이 찾아오고는 했다. 그런 날 밤이면 숙면을 취하기도 어려울 지경이었다. 무엇인가가 나를 살짝 건드려 의식을 차리게 하고 나면, 나는 잠에서 깨어 주식시장에 대해 생각하기 시작했다. 다음 날 아침에 신문을 펼쳐보기가 두려울 만큼 겁이 나는 때도 있었다. 그러나 막상 신문을 읽고 시장 상황을 살펴보면 모든 것이 장밋빛으로 보였고, 아무런 근거도 없이 괜히 이상한 기분에 휩싸인 게 아닌가 생각했다. 주가가 전날에 비해 더 높은 시가에서 출발하거나 시장이 완벽한 움직임 혹은 절정에 달하는 모습을 보이고는 했던 것이다. 이쯤 되면 내가 왜 편히 자지 못하고 뒤척였는지 웃음이 나올 수밖에 없다. 하지만, 나는 경험을 통해 이럴 때 섣불리 웃으면 안 된다는 사실을 깨달았다.

왜냐하면 바로 다음 날에는 전혀 다른 상황이 전개될 수도 있음을 잘 알기 때문이다. 참담한 소식을 알리는 기사가 신문에 나지 않았는데도 시장이 한쪽으로 너무 오래 움직인 나머지 급작스럽게 방향을 홱 틀어 버리는 현상이 발생하는 것이다. 그런 날이 오면 나는 대단히 불안해하곤 한다. 상당한 양의 주식을 신속하게 청산할 수밖에 없는 상황을 감당해야 하기 때문이다. 하루 전만 하더라도 나는 똑같은 양의 주식을 거의 최대한의 수익을 올리며 청산할 수 있었을 것이다. 그러나 오늘은 상황이 얼마나 달라져 버렸는가?

상당수의 트레이더들 역시 나와 비슷하게 시장이 희망으로 가득 차 보일 때 내면으로부터 위험하다는 신호를 이상하리만치 자주 보내오는 경험을 했을 것이라고 생각한다. 이러한 신호는 그저 시장을 오랫동안 연구하고 시장과 유대 관계를 형성함에 따라 겪게 되는 기이한 현상일 뿐이다.

솔직히 말하자면, 나는 기분이나 느낌이 이처럼 '귀띔해주는' 내용을 의심하는 편이며, 거래할 때 딱딱한 과학적인 공식을 적용하는 것을 선호한다. 그러나 모든 상황이 순조롭게 진행되는 것처럼 보일 때 심한 불안감을 느꼈다가, 그 느낌을 무시하지 않은 덕택에 화를 면한 경우가 여러 차례 있었다는 사실을 부인할 수 없다.

나는 '딱딱한 과학적인 공식'에 관심이 너무 많았으며, 거래에 있어서 직관과 우뇌가 수행하는 역할에는 충분히 관심을 두지 않았다. 전진하는 것을 잠시 멈추고 직관의 중요성을 눈치챘었더라면, 은 거래에서 최적의 포지션 청산 시점과 훨씬 가까운 시점에 시장에서 퇴장할 수 있었을 것이다.

이 거래는 자만하지 말고 이성적인 생각에 너무 많은 비중을 두지 말아야 한다는 교훈을 준 거래로 나의 마음 속에 항상 남아 있다. 나는 주먹구구식으로 거래하려고 했고, 그 누구보다도 어려움을 꾹 참고 견디려고 노력했다. 당시에는 후안 판지오처럼 수완을 발휘해야 한다는 사실을 알지 못했다. 나는 양쪽 뇌를 골고루 활용하여 거래해야 했던 것이다.

몇 년이 흐르고 나서 시장이 1,250포인트에서 출발하여 거의 1년 내내 강세장을 보인 후 나는 이 거래에 대해 문득 생각하게 되었다. S&P 주가지수가 1,550포인트를 달성한 뒤 2007년 7월 말과 8월 초에 1,400포인트 이하로 하락했던 시기였다. 이때가 거의 1년 만에 시장이 처음으로 더 큰 폭의 상승세를 보이는 동안 눈에 띌 만한 되돌림 현상이 발생한 시기이기도 했다. 몇 달이 지나고 나서 9월 말, 10월 초가 되자 시장은 7월에 기록했던 최고가

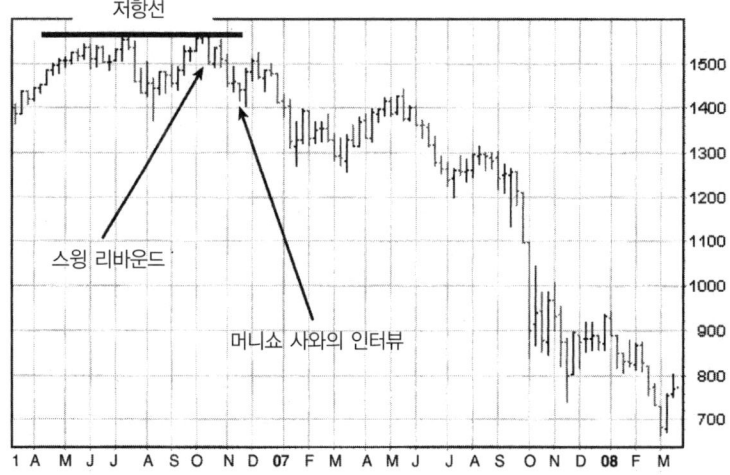

그림 C.2 S&P500지수 주간 차트

자료 제공 | StockCharts.com

를 경신했다. 1,250포인트에서 출발해 신고가에 이르렀던 이전 경우들과 달리, 이번에는 시장이 신고가를 형성하는 데 실패했다. 제시 리버모어가 말했듯이, 시장이 올바른 움직임을 보이지 않았거나 움직여야 할 방식대로 움직이지 않았던 것이다.

그림 C.2에 나타나 있는 주간 차트를 살펴보면 1주일 간격으로 전형적인 리바운드 스윙 기법을 이용한 공매도 거래를 확인할 수 있다.

그 당시에 나는 약혼한 상태였는데 어쩌다 보니 미래에 장인어른이 되실 분과 (지금은 실제로 장인어른이 되셨지만) 주식시장에 대한 이야기를 나누게 되었다. 장인어른께서는 몇 년 안에 은퇴할 생각이셨고, 나는 갖고 계신 주식을 모두 처분하시는 편이 좋을 것 같다고 충고를 해 드렸다. 그때가 내가 직업적으로 만난 사람이 아닌 개인적으로 친분이 있는 사람에게 처음으로 투자에 관해 충고를 건넨 경우였다. 나는 사람들에게 충고해주는 것을 싫어한다. 시장을 예측하기란 거의 불가능에 가깝기 때문이다. 만일 그 시점 이후로 시장이 상승세를 탔다면 나는 가족과의 사이가 틀어졌을지도 모른다.

하지만, 이번만큼은 달랐다. 직관이 "위험!"이라고 소리치고 있었기 때문에 평소의 신념과 달리 나는 장인어른께 생각하는 바를 말씀드렸다.

그 후 몇 주가 지나고, 제1장 '직감의 힘'에서 밝혔듯이 나는 트레이더 엑스포에서 머니쇼닷컴과 인터뷰하면서 시장이 큰 폭의 하락세를 보일 가능성이 농후하다고 시청자들에게 충고해주었다. 그때 나는 1987년의 은 거래와 리버모어의 충고에 대해 생각하고 있었다.

그러므로 당신이 거래할 때 논리와 분석에 의지하고 있다는 생각이 든다면, 당신이 잠재력을 충분히 발휘하고 있지 못할 가능성에 대해 한번 생각해보기 바란다. 두뇌를 골고루 발전시킨다면 당신은 더 나은, 더 완전한 트레이더가 될 수 있을 것이다.

| 거래를 예술로 승화시켜라

내 아내 젠은 예술가 집안 출신이다. 장인어른, 장모님, 처남들과 마찬가지로 그녀 역시 그림도 그리고 여러 종류의 악기를 연주하기도 한다. 그 집안은 언제나 진행 중인 프로젝트가 있다. 젠은 미술관에 가는 것도 좋아한다. 우리는 운 좋게도 최근 몇 년 동안 전 세계적으로 가장 유명한 미술관 몇 군데를 방문할 수 있었다. 나는 예술가 집안 출신이 아니어서 이런 경험이 상당히 새롭게 다가왔다.

프라도 미술관, 메트로폴리탄 미술관, 반 고흐Van Gogh 미술관 등의 복도를 거닐면서 가장 흥미롭다고 생각했던 것 중 한 가지는 화가들이 선보인 기법과 독창성의 상호 작용이었다. 내가 가장 좋아하는 화가들은 특정한 기법을 새로운 차원으로 끌어올린 혁신가들이거나 이미 존재하는 기법을 발판 삼아 전혀 다른 방향으로 나아간 화가들이다. 이들은 모두 기법과 독창성을 결합시켜

명작을 탄생시켰다.

최고의 수준에서라면 거래 역시 예술이 될 수 있다.

관련 서적을 읽고 연습하는 데 시간을 들인다면 누구든지 거래에 필요한 기술과 도구를 습득할 수 있다.

그러나 거래를 예술의 경지로 승화시키기 위해서는 약간의 노력이 추가로 필요하다. 예측할 수 없는 불확실한 미래와 언제 닥칠지 모르는 위험에 몸을 맡길 의향이 어느 정도는 있어야 하며, 때로는 직관이 상황을 이끌어가도록 내버려둘 줄도 알아야 한다. 이러한 의향은 대부분의 사람에게는 자연스럽게 다가오지 않기 때문에 꾸준한 연습을 통해서 터득할 수밖에 없다.

거래의 기술을 연마하기 위해서는 의사 결정 과정의 일부를 직관에 위임하는 법을 연습할 필요가 있다. 이 같은 연습을 통해서만 직관이 당신을 이끌도록 내버려두는 데 충분한 자신감을 키울 수 있을 것이다. 그러므로 적은 액수의 투자금으로 시작하게 되더라도 실제로 거래할 때 직관을 활용해보라. 직관력이 지력을 보완해준다는 사실을 금세 깨닫게 될 것이다.

미켈란젤로Michelangelo는 만 87세가 되던 해에 '피에타La Pieta'와 '다비드David' 상을 조각하고 시스틴Sistine 성당의 천장화를 완성하고 나서 스케치북 한 쪽에 '나는 아직도 배우는 중이다' 라는 뜻으로 '안코라 임파로Ancora imparo' 라고 적었다. 거래의 기술이야말로 이 두 단어로 함축될 수 있다. '안코라 임파로'를 마음속에 새기고 당신의 것으로 만들면, 당신 역시 거래 기술을 예술로 승화시킬 수 있을 것이다.

후기

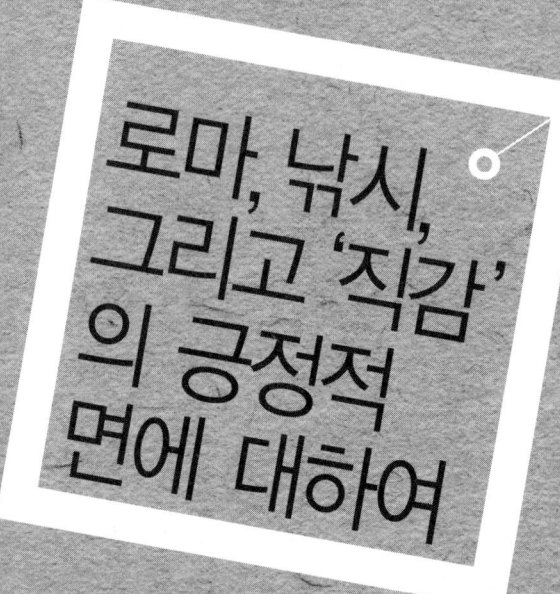

로마, 낚시, 그리고 '직감'의 긍정적 면에 대하여

TRADING FROM YOUR GUT

"결정을 내릴 수 있다는 것보다 더 어려운,
그래서 더 귀한 것은 없다."

―**나폴레옹 보나파르트**(Napoléon Bonaparte)

AFTERWORD
On Rome, Fishing, and the Upside of "Gut"

고대 로마는 인류가 현대 문명을 건설하는 데 있어 그 어떤 구체제보다도 영향을 많이 미친 체제이다. 대표자를 선출하는 공화국이라는 개념도 로마에서 모티브를 얻었을 뿐만 아니라 미의회 중 상원the Senate의 명칭 역시 로마에서 따온 것이다. 나폴레옹 체제 하의 프랑스와 히틀러가 지배했던 독일 등 여러 나라들이 로마의 세력과 영향력을 능가하려는 시도를 해왔으나, 이러한 시도가 성공적으로 끝난 나라는 지금껏 한 군데도 없었다.

로마의 영향력과 세력의 중심에는 고도로 훈련된 전문적인 군대인 레기온legion, 즉 로마 군단이 이룩해낸 군사 작전의 혁신이 있었다. 로마의 군 사령관들은 대개 자신들이 이끄는 부대와 수년간 함께 복무해온 능력이 뛰어난 능률적인 군인들이었다. 로마가 맹위를 떨칠 수 있었던 이유도 바로 이러한 사령관들과 이들의 군단 덕분이었다.

전쟁, 특히 다양한 무리의 적을 상대로 벌이는 전쟁은 불확실성으로 가득 차 있다. 군 사령관은 적이 어떤 행동을 보일지 전혀 예측하지 못한다. 또한 자신이 이끄는 부대 중 어떤 부대가 심한 압박감을 견디지 못하고 무너져 내릴지 정확하게 집어낼 수도 없으며, 적의 기습과 계략을 모두 예상할 수도 없는 노릇이다.

이처럼 적의 행동을 정확하게 예측하거나 일어날 수 있는 모든 잠재적인 상황을 고려했을 때 어떤 행동방침이 가장 적합한지 확신할 수 없는 가운데서도, 군 사령관들은 끊임없이 결정을 내려야 한다. 적이 기습적으로 공격을 가해 작전을 망쳤을 때에도 즉각적으로 대처해야 하며, 전투선이 무너지거나 병사들이 지쳤을 때에도 적절하게 대응할 줄 알아야 한다.

어떠한 상황에서든 이들은 결정을 내려야 한다.

| 불확실성이 야기하는 두려움

불확실성이 존재하는 상황에서 결정을 내리는 것이 자연스럽게 몸에 배는 능력은 아니다. 대부분의 사람들은 불확실한 상황에서 판단을 내리는 일을 대단히 어렵게 여긴다.

앞으로 어떤 일이 펼쳐질지 확신할 수 없을 때에는 의사 결정 능력을 제대로 발휘하지 못하게 된다. 인간은 개연성에 바탕을 둔 사고에 그리 능하지 못하다. 불확실성은 확실성이 아닌 개연성을 의미하므로, 대다수 사람들은 불확실성이 존재하는 가운데 결정을 내리는 일을 어렵게 생각한다. 'A일 경우에는 B 하라'와 같은 논리는 쉽게 이해할 수 있어도, A가 확실하게 정의되지 않는 '혹시 A일지도 모른다'와 같은 논리에는 난색을 표하는 것이다.

인간으로서 우리는 올바르기를 바라는 욕구를 타고났다. 실수를 피하게끔 만들어졌다는 말이다. 따라서 틀릴 가능성이 큰 결정을 내릴 때면 대부분의 사람은 얼어붙고 만다. 잘못된 결정을 내리느니 아예 결정을 내리지 않는 편을 택하는 셈이다.

성공적인 거래를 위해서는 결단력이 필요하다. 확신과 자신감을 갖고 결단을 내릴 줄 알아야 하며, 적절한 시점에 포지션을 청산할 줄도 알아야 한다. 주저하거나 공황 상태에 빠지는 것은 자살 행위나 마찬가지다.

정보가 불확실하고 결정이 틀릴 우려가 있더라도 상황을 분석하기보다는 직관을 이용해 결정을 신속하게 내릴 줄 알아야 한다. 또한 잘못될 결정을 내렸다는 사실을 나중에 깨닫게 되더라도 자신감을 잃지 말아야 한다.

사람들은 대체로 이를 어렵게 여긴다. 결정을 내리는 것 자체에 압박감을 너무 많이 느끼기 때문이다. 따라서 결단력을 키우는 방법 중 한 가지는 개별적인 결정에 따르는 압박을 최소화하는 것이다.

| 고대 로마의 전술로부터 배우는 교훈

고대 로마의 군사 전술로부터 의사 결정에 따르는 압박감을 줄이는 방법을 배울 수 있다.

로마 군단은 일반적으로 네 줄로 형성되어 있었다. 맨 앞 줄은 군사들이 다닥다닥 붙어 서서 견고하게 만든 줄이고, 나머지 세 줄은 보병 중대maniples로 알려진 무리로 이루어져 있었다. 하나의 보병 중대는 각각 80명의 군사로 이루어진 두 개의 소대century로 구성되었다. (보병 소대는 본래 100명의 군사로 구성되었는데, 영어 단어 'century(100년)'도 여기서 유래된 것이다.)

첫 줄에는 투창으로 가볍게 무장한 벨리테스velites라고 불리는 군사들이 배치되었다. 보병 중대의 나머지 세 줄은 길이가 짧고 무거운 검인 글라디우스gladius와 방패로 무장한 로마 특유의 중보병으로 구성되었다. 적이 일렬로 촘촘하게 서는 것과 달리, 로마 군단에는 벨리테스가 물러설 수 있는 뒷자리에 체스판처럼 빈자리가 규칙적으로 있었다. 두 번째 줄에 있는 병사들이 첫 번째 줄의 빈자리를 메우고, 세 번째 줄에 있는 병사들이 두 번째 줄에 있는 빈자리를 채우는 식이었다. 이러한 여유 공간이 로마 군단으로 하여금 작전을 수행하는 데 있어 융통성을 발휘할 수 있게 해주었다.

공격을 개시할 때면 맨 앞줄에 있는 벨리테스들이 적에게 투창을 던지고 정규 보병 부대의 첫 줄에 나있는 빈자리로 물러난다. 그러고 나면 백인대장*들이 속해 있는 두 번째 줄을 구성하고

---

* 보병 소대의 우두머리—옮긴이

있는 각각의 보병 중대에서 뒤쪽 절반을 차지하고 있는 병사들이 측면과 전면으로 이동하면서 빈자리를 채운다. 이처럼 전체가 빈 공간 없이 촘촘하게 늘어서서 적을 공격한다. 첫 줄에 있는 병사들이 싸우다가 지치면 세 번째 줄에 있는 병사들이 두 번째 줄과 교대해주기 위해 전진한다. 이 두 줄이 서로 번갈아 가며 전투를 하고 휴식을 취하는 식이다.

네 번째 줄에 자리 잡은 군사들은 일반적으로 전술적인 예비 병력으로 이용되었다. 이들은 취약해 보이는 줄이 있거나 대형의 측면에 공격이 가해지면 재빨리 지원병으로 나서고는 했다. 이러한 예비 병력 덕분에 군 사령관은 특정한 결정을 내리는 데 있어 필요 이상으로 많은 시간과 노력을 쏟아 붓지 않을 수 있었던 것이다.

로마 군단의 전략적인 융통성과 기동성은 전장에서 미처 예상하지 못했던 상황이 발생했을 때 군 사령관들이 그에 대처하여 병력을 유연하게 이동시킬 수 있도록 해주었다. 이는 또한 적진을 뚫고 적을 궤멸할 기습 부대를 동원하여 적진의 취약한 지점을 노리는 아군의 세력을 강화할 수 있도록 해주기도 했다. 이처럼 전투 내내 예비 병력을 사방에 자유자재로 동원함으로써 사령관들은 아군의 진영을 안전하게 보호하면서도 적의 약점을 캐볼 수 있었다.

마지막으로, 로마 군단의 전략적인 융통성과 고도로 훈련된 병사들 덕분에 사령관들은 만일의 사태에 대비하여 긴급 대책을 세워둘 여유가 있었다. 적이 위협을 가해오더라도 병사들을 적절하게 이동시킬 수 있다는 사실을 잘 알고 있기 때문이었다. 이는 곧 처음에 내린 판단이 옳지 않았더라도 실수를 바로잡아 전투에서 패하는 불상사가 일어나지 않도록 할 수 있음을 의미한다.

군단의 대형이 지닌 전략적인 융통성, 병사들의 기강, 전술상 예비 병력을 배치해둘 수 있는 이점 덕분에 로마 사령관들은 초기 판단에 실수가 발생하더라도 이를 바로잡을 수 있었다. 이렇듯 작전이 실패로 돌아갈지도 모른다는 부담감에서 벗어난 사령관들은 결단력 있는 판단을 내리기가 한결 수월해졌고, 공격을 가할 기회가 생기면 이를 놓치지 않았다.

| 심리적 압박감을 줄이는 행동 지침

이처럼 거래나 인생에 있어서도 전략적인 융통성을 지니거나 계획을 실행하는 데 있어 실수할 여지를 남겨둠으로써 개별적인 결정에 따르는 압박감을 줄일 수 있다면 더욱 신속하고도 편안한 마음으로 결정을 내릴 것이다. 이는 결국 당신이 더 직관적이며, 신속하고 결단력 있게 판단할 수 있도록 도와줄 것이다.

로마 군단의 예를 통해 얻은 교훈을 바탕으로, 개별적인 결정을 내릴 때 느끼는 압박감을 줄이고 전략적인 융통성을 키울 수 있도록 하는 몇 가지 구체적인 행동 지침을 제시하고자 한다.

- **지나치게 자신을 속박하지 말아라|** 그래야만 결정이 틀렸을 때에도 낙담하지 않을 수 있다.
- **융통성을 발휘하라|** 상황 전개에 따라 그때그때 전략을 수정

할 줄 알아야 한다.
- **끊임없이 실험하라|** 새로운 아이디어를 실험해봄으로써 더 많은 정보를 얻을 수 있다.
- **차선책을 마련하라|** 처음에 내린 결정이 틀렸을 때 어떤 행동을 취할 것인지 미리 계획을 세워두어야 한다.

앞서 언급한 이 네 가지 지침들은 베테랑 트레이더들에게는 아주 자연스러운 일이다. 이 지침들은 꼭 거래가 아니더라도 불확실성에 대처하는 데 유용하게 쓰일 수 있다.

| 리스크 관리에도 효과적인 직관

내가 간직하고 있는 가장 어렸을 적 기억 중 하나는 방에서 혼자 놀다가 램프 전구를 소켓에서 빼내고 그 자리에 5센트짜리 동전을 대신 끼운 것이다. 왜 이런 행동을 했는지 모르겠지만, 스파크가 일어나고 정전이 됐던 것만은 또렷이 기억하고 있다. 몇 분 후에 부모님께서 소리를 들으시고는 방으로 뛰어들어와 무슨 일이 일어났는지 알아채셨다. 문제의 램프는 미국의 가정용 전압인 110볼트짜리 램프였다. 이러한 위력에도 불구하고 미국전기공사규정U.S. National Electric Code에 의하면, 110볼트는 엄밀히 말해 고압 전류가 아니다.

미국전기공사규정이 정의하는 고압 전류, 즉 산업 현장에 커다랗게 붙어 있는 경고문에 등장하는 고압 전류는 무려 600볼트가 넘는다. 600볼트는 결코 임의적으로 선택된 전압이 아니다.

전압이 약 600볼트에 이르면 공기가 분해되어 근거리에서 절연재로서의 역할을 더 이상 수행하지 못하게 되며 스파크가 일어난다.

내가 만일 꼬마였을 당시에 이 같은 고압 전류에 노출됐었더라면 목숨을 잃었을지도 모른다.

살면서 위험을 매번 모면할 수는 없다. 거래의 세계에서도 리스크를 감수해야만 수익을 창출할 수 있다. 하지만 그렇다고 해서 일반적인 종류의 전압에 만족할 수 있는데도 목숨을 앗아갈지도 모르는 고압 전류를 감당할 필요는 없다.

그뿐만 아니라, 설령 결정이 잘못되더라도 죽지 않으리라는 사실을 알고 나면 결정을 내리기가 한결 수월해진다. 거래할 때도 필요 이상으로 몰두하지 않는다면 결정을 내리는 데 있어 압박감도 줄어들고 직관이 빛을 발하기도 더 쉬워질 것이다.

인생을 살다가 맞닥뜨리게 되는 다른 결정들에 지나치게 몰입하지 않는다면 직관을 따르기가 좀 더 수월해질 것이다.

| 어떤 일이 생기든 유연하게 대처하라

나는 몇 년 전에 태권도를 배우러 다닌 적이 있었다. 태권도 사범님께서 학생들에게 맨 처음으로 가르치셨던 것 중 한 가지는 기본적인 서기 자세였다. 앞굽이는 주로 공격할 때, 뒷굽이는 방어할 때 유용하며, 주춤 서기는 더 중립적인 자세이다. 자세를 하나씩 배울 때마다 사범님께서는 몸을 곧추세워서 무게중심이 안

정감 있게 몸의 한가운데에 오게 해야 한다고 가르치셨다.

주먹 지르기를 배울 때에는 주먹을 지르고 나서 뒤로 빼라고 배웠고, 발차기를 배울 때에도 차고 나서 뒤로 빠지라고 배웠다. 왜 매번 뒤로 빠져야 하는지는 샌드백을 이용해 연습하면서 분명해졌다. 샌드백을 차고 나면 발차기에 실린 힘이 샌드백을 뒤로 밀어내고, 샌드백은 그와 똑같은 크기의 힘으로 발차기를 한 사람을 뒤로 밀어내게 된다. 뉴턴Newton의 말처럼 모든 운동에는 작용과 반작용이 존재한다.

그러므로 발차기를 하고 나서 뒤로 물러나지 않으면 발차기에 실린 힘으로 인해 균형이 무너질 수 있는 반면, 제때 뒤로 물러날 경우 그 힘이 줄어들어 균형을 잡기가 한결 쉬워진다. 이와 마찬가지 원리로, 빗나간 주먹질은 주먹질한 사람으로 하여금 균형을 잃고 앞으로 고꾸라지게 하지만, 목표물을 맞추지 못했더라도 주먹을 지른 후 재빨리 뒤로 빠질 경우 완벽하게 균형을 유지할 수 있는 것이다.

그로부터 몇 년 후 나는 아르헨티나의 수도 부에노스아이레스로 거주지를 옮기고, 아르헨티나 출신의 유명한 탱고 댄서 커플인 마요랄Mayoral과 엘사 마리아Elsa Maria가 운영하는 댄스 스튜디오에서 몇 차례 탱고 강습을 받게 되었다. 마요랄은 전형적인 탱고 댄서였다. 마요랄과 그의 부인은 마치 한 몸처럼 움직일 수 있었고, 아주 잠시만 서로 떨어져 있다가 다시 찰싹 달라붙어 50년 가까이 함께 춤춘 커플의 완벽한 모습을 보이고는 했다.

태권도와 마찬가지로 탱고를 출 때에도 기본적인 원칙 중 한 가지는 균형을 계속 유지해야 한다는 것이다. 몸의 무게중심을 발 위에 두어야만 체중이 어느 한쪽 발에 쏠리는 것을 방지할 수 있다.

탱고와 태권도에서 균형을 잃지 않는 것이 중요한 이유는 똑같다. 균형을 잘 잡고 있으면 다음 움직임에 대한 선택권이 생기기 때문이다. 다시 말해, 언제든 원하는 방향으로 움직일 수 있는 유연성이 생기는 것이다. 만일 균형을 잃은 경우라면 다음에 올 움직임을 선택할 수 있는 폭이 좁아지거나 때로는 한 가지 선택만이 남게 된다.

탱고를 출 때 균형을 잃는 것은 특히 커다란 문제가 될 수 있다. 댄서가 두 명인데다가 이들이 스텝을 즉흥적으로 밟기 때문이다. 남자 댄서가 리드하는 경우가 대부분이므로, 여자 댄서는 파트너가 미묘한 손동작이나 몸놀림을 통해 자신의 의도를 알릴 때까지 그가 어떤 행동을 할지 알 길이 없다. 남자 댄서가 중심을 제대로 잡고 있지 않다면 여자 댄서 역시 영향을 받아 중심을 잃기가 쉽다. 그럴 경우 설령 남자 댄서가 한쪽으로 움직이거나 특정 스텝을 밟겠다는 의사 표시를 하더라도, 여자의 체중이 다른 발에 실려 있기 때문에 해당 방향으로 움직이지 못하거나 해당 스텝을 밟지 못하게 될 수도 있다. 그러므로 두 명의 댄서 모두 균형을 유지해야만 춤을 제대로 출 수 있다.

여자 댄서의 경우 다음에 어떤 춤 동작을 하게 될지 알지 못한다면, 중심을 잘 잡고 있어야 상황에 유연하게 대처할 수 있다.

융통성, 즉 사고의 유연성을 지니는 것이야말로 의사 결정 과정에서 느끼는 압박감을 없애주어 직관과 직감이 더 큰 역할을 할 수 있도록 돕는 가장 중요한 방법 가운데 하나이다. 유연성을 지니고 있으면 상황이 바라던 방향과 다르게 전개되더라도 계획을 수정할 수 있는 여유가 생긴다. 특히 본인이 유연성을 지니고 있다는 사실을 사전에 알고 있으면 직관적인 판단을 신속하게 내리기가 한결 수월해진다. 따라서 사고가 유연할 때 결단력 있는 판단을 내리기가 더 쉬운 셈이다.

| 낚시를 통해 배운 교훈

아버지께서는 낚시를 참 좋아하셨다. 물고기를 항상 많이 잡지는 못하셨는데도 말이다. 그래서 나는 어린 나이에 낚시를 배웠고 어린 시절 내내 낚시할 기회가 많았다.

낚시는 불확실한 것 투성이다. 언제 물고기가 입질할지 알 길이 없다. 언제 대어가 나타나 낚싯대를 부러뜨릴지, 미끼를 잘만 물던 고기떼가 언제 휑하니 사라져버릴지도 알 수가 없다.

나는 미끼를 던질 때마다 물고기가 잡히는 것은 아니라는 사실을 배웠다. 낚싯대를 수차례 던져야 하는 날도 있었고, 온종일 던져도 물고기를 한 마리도 잡지 못하는 날도 있었다.

낚싯대를 물속에 드리우는 것은 마치 작은 실험을 하는 것과 같다. 물고기가 어디 있는지, 어디서 미끼를 무는지 알기 위한 실험이다. 똑똑한 사람이라면 처음에 낚싯대를 몇 번 던져보고 아무런 성과가 없으면 낚시 방법에 변화를 조금 주거나 낚싯대를 다른 곳으로 던져 물고기를 찾아낼 확률을 높일 것이다.

불확실한 시대에 불확실한 세상 속에서 우리가 내리는 결정은 낚시꾼이 던지는 낚싯대와 같다. 우리는 그 결정이 옳은지 그른지 알 수가 없다. 결정을 내린다는 것은 물고기가 어디에 있을지 최대한 정확하게 추측해보려는, 말 그대로 실험을 하는 것과 마찬가지다. 만일 이를 '결정'이 아닌 그저 실험일 뿐이라고 여긴다면 결정에 이르는 과정에서 부담을 조금이나마 덜 느끼게 된다.

이러한 생각이 결과적으로 당신이 조금 더 수월하게 직관을 믿을 수 있도록 도와줄 것이다.

| 불확실성에 대처하기 위한 차선책 수립

어느 실험이나 긍정적인 결과가 나올 수도, 부정적인 결과가 나올 수도 있다. 우리가 원하는 대로 실험이 진행될 수도 있고, 그 반대일 수도 있고, 그 둘 사이일 수도 있다. 거래를 할 때는 시장에 진입하기 전에 원하는 대로 시장이 움직이지 않았을 경우 어떤 행동을 취할 것인지 미리 계획을 세워두어야 한다.

이처럼 간단한 연습을 통해서 거래에 관한 결정을 매우 손쉽게 내릴 수 있다. 최악의 사태에 대비해 한도를 구체적으로 정해둔다면 결정이 틀렸을 때 어느 정도의 손실을 감수하게 될지 알 수 있을 것이다.

거래가 아닌 불확실성이 존재하는 다른 분야에서도 차선책을 미리 세워둘 경우 불확실성에 효과적으로 대처할 수 있다. 비상

대책을 수립해둔다는 것은 불확실성 그 자체의 존재를 현실적으로 인정하는 것이다. 미래가 어떤 양상일지 알 수 없다면 우리가 예상하거나 기대한 것과 다른 미래가 펼쳐질 가능성에 대비하는 것이 이치에 맞는 행동이다. 불확실하다는 것은 곧 차선책이 필요하다는 의미이기도 하다.

비상 대책을 마련하는 일은 훨씬 어렵지 않다. 차선책을 마음속에 담아두고 있다면 직관을 따르는 데에 아무런 불편함도 느끼지 못할 것이다.

| 두려움이 적을수록 직관을 더 잘 활용할 수 있다

결정을 내릴 때 부담을 줄일 수 있는 이러한 네 가지 방법들(지나치게 많이 생각하지 않기, 사고의 유연성 유지하기, 실험하기, 차선책 세우기)은 잘못된 결정에의 두려움을 완화해주는 방법이기도 하다.

두려움이 적어지면 의사 결정 과정에서 직관을 활용할 수 있는 여유가 더 생긴다.

제8장에서 스카이다이빙 훈련에 풍동을 이용하는 이점에 대해 이야기하며 나는 한 가지 중요한 이점을 빠뜨렸다. 바로 두려움을 줄여준다는 점이다. 비행기에서 낙하하게 되면 주 낙하산을 펼쳐야 할 때까지 최대 60~70초의 시간밖에는 주어지지 않는다. 주 낙하산이 작동하지 않을 경우 보조 낙하산을 펼칠 수 있는 시간을 남겨두어야 하기 때문이다. 만일 일행과 함께라면 10초 정도를 더 남겨두어야만 다른 스카이다이버들이 서로 간에 안전 거

리를 확보할 때까지 흩어질 시간이 생긴다. 따라서 비행기에서 낙하한 순간부터 스카이다이버에게는 사실상 40초 정도의 시간밖에는 없는 것이다. 시간을 너무 많이 소요하거나 잘못된 순간에 통제력을 잃고 빙글빙글 돌게 될 경우 자칫 목숨을 잃을 위험도 있다.

처음에 세운 계획대로 일을 진행하지 않고 계획을 변경할 때면 누구나 마음속 깊숙한 곳에 건강한 두려움이 자리 잡기 마련이다. 그러나 이 같은 두려움은 풍동 안에 들어가서 그곳이 연습하기에 비교적 안전한 장소라는 생각이 드는 순간 눈 녹듯이 사라진다. 두려움이 줄어들면 인간은 본능적으로 실험하고 실패하고 싶은 욕구가 강해진다. 이러한 실험과 실패야말로 배움의 속도를 증가시키는 촉진제이다.

연습을 하면서 풍동 안이 안전하다고 느껴지면 뇌는 자연스레 긴장을 풀게 된다. 좌뇌가 치안을 유지하는 역할을 더는 하고 싶어하지 않으려 한다. 우리에게 "주의하시오! 주의하시오!"라고 외치는 일을 그만두고 싶은 것이다.

좌뇌가 긴장을 풀고 여유를 찾으면, 우뇌가 지배적인 역할을 하기 시작한다. 이것이 애스트리드가 제안한 게임이 그토록 놀라운 효과를 발휘할 수 있었던 이유이다. 게임을 하면서 즐거운 시간을 보낼 때 두려움을 느끼는 사람은 거의 없을 것이다. 애스트리드를 따라 풍동 안을 날아다니면서 나는 마음 속에서 두려움이 점차 사라지는 것을 느꼈고, 시간이 흐를수록 신체에 대한 통제력 또한 느슨해지는 것을 느낄 수 있었다. 두려움이 줄어들었기 때문에 직관이 대신 기능할 수 있었던 것이다.

그렇다면 어떻게 해야 두려움을 줄일 수 있는가? 우선, 결정에 지나치게 집착하지 않을 경우 실수를 하게 되더라도 그 실수가 치명적이지 않을 것임을 알 수 있다. 두 번째로는 유연성을 지니면 상황이 전개되는 방식에 보다 손쉽게 적응해나갈 수 있다. 세 번째로는 실험을 실시할 경우 가장 효과적인 접근법이 무엇인지 발견할 수 있다. 마지막으로, 차선책을 세워두면 처음에 세운 계획이 실패로 돌아갔을 때 어떤 행동을 취해야 하는지 알 수 있다. 이러한 단계를 밟아간다면 의사 결정을 할 때 두려움이 줄어드는 것을 느낄 수 있을 것이다.

두려움이 줄어들면 직관이 파고들 공간이 더 많아진다. 압박감을 떨쳐버려라. 마음속에서 두려움을 밀어내라. 당신의 직관에 귀 기울이는 법을 터득하라.

| 의식적인 의사 결정 내리기

결정의 질을 높일 수 있는 또 다른 방법은 자신이 내리게 되는 결정을 더욱 의식하는 것이다.

비록 훈련의 목표가 무의식적으로 결정을 내리는 것이기는 하지만, 당신이 판단하고 있다는 사실 자체는 의식해야 효과를 볼 수 있다. 의사 결정 과정과 그 결과는 의식할 필요가 있지만, 결정을 내릴 때 될 수 있으면 무의식적으로 판단을 내리는 능력을 더 많이 이용하도록 노력해야 한다.

다음에 소개할 사례가 이러한 노력의 필요성을 잘 보여주리라고 믿는다. 게리 클레인은 저서 『직관력의 힘 The Power of Intuition』에서 미국 해병대의 소총 선임관들을 위하여 직관적인 의사 결정 과정을 개발한 일화에 대해 적었다. 이 과정의 일환으로 실행된 훈련에는 선임관이 직무상 내려야 하는 여러 가지 결정들을 분석하는 일도 있었다.

게리는 선임관들에게 지난 수년 동안 내리기 가장 힘들었던 결정이 무엇이었냐고 묻는 것에서부터 출발했다. 그 결과 서른 개의 결정을 손쉽게 추려낼 수 있었다. 게리는 이 질문을 던진 것 자체가 선임관들이 자신들의 결정에 대해 눈을 뜨는 계기가 되었다고 설명했다. 이들은 부사관으로서 결정을 수행하기만 할 뿐 자기들 스스로 결정을 내리지는 않는다고 여겼기 때문이었다. 이들은 결정에 이르기까지의 사고 과정을 의식하지 않은 채 결정을 내리고 있었던 것이다. 다시 말해, 선임관들은 자신들이 결정을 내린다는 사실을 전혀 깨닫지 못하고 있었던 셈이다.

이들이 어려운 결정으로 꼽았던 것 중 한 가지는 분대를 한 지점에서 다른 지점으로 이동시키는 데 걸리는 시간을 계산하는 일이었다. 이들은 분대가 시간당 2.5킬로미터의 속도로 이동하는 것을 전제로 계산한다고 밝혔으나, 이처럼 단순한 공식이 맞아떨어지지 않는 이유에 대해서 설명하기도 했다. 이 공식은 지형의 특징이나 등에 지고 가는 짐의 무게, 부상당한 병사의 유무, 땅이 질척거리는 정도, 적의 감시를 피해 조심스럽게 움직여야 하는 정도를 비롯하여 다른 중요한 요인들을 계산에 포함하지 않았다는 것이었다. 클레인은 선임관들에게 이 같은 중요한 결정을 내리는 것과 관련하여 어떠한 방식으로 훈련을 받았는지 물었다.

선임관들은 이동 시간을 추정하는 것이 결정을 내리는 것이라는 사실을 자각하지 못했던 만큼, 계산의 신뢰도에 영향을 끼칠 만한 요소들을 밝혀내는 데 아무런 노력도 들이지 않았다고 대답했다. 그러나 이러한 요소들을 알아내고 이를 바탕으로 이동 시간을 추정하는 훈련을 지속하자, 이들은 그 어떤 이동 구간에 대해서든 소요 시간을 직관적으로 추정할 수 있다는 사실을 깨닫게 되었다. 무조건 시간당 2.5킬로미터를 이동하는 것을 전제로 삼았던 공식에 비해 훨씬 더 정확하게 소요 시간을 추정할 수 있다는 사실을 알게 된 셈이다.

이 일화는 거래를 하거나 인생을 살면서 내리게 되는 여러 가지 결정에도 똑같이 적용될 수 있다. 사람들은 남이 자신의 경험을 토대로 세운 규칙이나 전문가의 의견을 그대로 따르는 경향이 있다. 결정을 위임하는 것 자체가 이미 결정을 내린 것과 마찬가지라는 사실을 미처 깨닫지 못한 것이다. 이와 같은 행동은 자신의 전문 분야를 벗어나 결정을 내리는 사람들에게 여러 가지 문제를 불러일으킬 수도 있다. 소총 선임관들이 깨달았듯이, 계산에 포함되어야 마땅할 가장 중요한 요인들을 무시하고 무작정 적용하는 딱딱한 규칙보다는 우뇌가 순간적으로 내리는 순전히 직관적인 추정이 오히려 더 정확할 가능성이 높다.

선임관들이 무조건 시간 당 2.5킬로미터를 적용하는 공식을 이용했던 것처럼, 거래를 막 시작한 초보 트레이더들은 리스크 수준을 결정하는 데 있어 남들이 정한 규칙을 무턱대고 갖다 쓰는 경향이 있다. 예를 들면, 특정 거래를 성립시킬 때 1%나 2% 정도의 리스크를 감수하겠다고 무작정 결정하는 것이다. 이러한 접근법은 위험한데다가 이상적이지 않을 우려도 있다. 트레이더들이 직접 상황을 분석하고 결정을 내리는 과정을 거치지 않음으로써 직감을 훈련시킬 기회를 갖지 못하기 때문이다. 다시 말해, 크기가 서로 다른 포지션을 더 잘 거래하도록 만드는 요소들에 적응할 수 있도록 직관을 갈고 닦을 경험을 쌓지 못하는 것이다. 따라서 시장이 평상시와 달리 과격한 움직임을 보일 때에도 이러한 초보 트레이더들은 보다 보수적인 접근법이 요구될 시기에 남들의 경험을 통해 얻은 규칙들을 맹목적으로 따를 확률이 높다.

좀 더 구체적인 예를 살펴보도록 하자. 나는 개인적으로 특정한 시장의 변동성을 보고 리스크를 어느 정도 감수할지 결정한다. 시장의 평균적인 일일 등락폭을 보고 주식을 몇 주나 사들일지, 상품 계약을 몇 건이나 할지 결정하기도 한다.

이러한 접근 방식에도 한 가지 문제점은 있다. 시장이 가끔 폭발적인 움직임을 보이기 직전에 미동도 하지 않는 경우가 발생하기 때문이다. 이럴 때에는 시장의 변동성이 한 달 전에 비해 아주 작은 규모로 나타날 가능성이 있다. 따라서 예전에 보유했을 포지션에 비해 훨씬 큰 포지션을 보유하게 될 가능성도 생긴다.

물론 이러한 움직임이 통제 가능한 범위 내에서 발생한다면 문제가 될 것이 없다. 원하는 방향이 아닌 반대 방향으로 시장이 움직이기 시작하더라도 시장에서 빠져나올 시간을 벌 수 있기 때문이다.

그러나 이 같은 폭발적인 움직임이 장이 마감한 뒤 한밤중에 나타나기도 한다. 때로는 시장이 너무 급작스럽게 움직이는 바람에 희망하던 가격에 시장에서 미처 빠져나가지 못하는 경우도 발생한다. 이런 경우에는 예상했던 것보다 훨씬 큰 손실을 볼 가능성이 있다.

이런 상황이 닥쳤을 때 남들이 정해놓은 규칙을 맹목적으로 따를 경우 곤경에 처할 것이다. 하지만 직관에 몸을 맡긴다면 평소보다 더 작은 크기의 포지션을 선택하는 편이 나을 때도 있다는 사실을 깨달을 수 있다. 때로는 직관을 활용하여 좀 더 보수적인 태도를 취하는 것이 좋은 방법인 경우도 있다.

마지막으로, 비록 타인의 충고를 일방적으로 따르게 되더라도 자신이 내리는 결정을 의식한다면 여전히 배울 것도 많고 직관을 훈련시킬 수도 있다는 사실을 기억해두자. 자신의 직관 대신 전문가의 의견을 따르더라도 그 의견과 비교하여 직관이 어느 정도의 기능을 발휘하는지 확인할 수 있다. 이러한 훈련을 거치고 나면 전문 분야가 아닌 분야에서도 자신감 있는 결정을 내릴 것이다.

| 당신의 직감에 따라 행동하라

나의 이성은 내가 기억하고 싶은 것만 선별적으로 기억할 뿐이라고 말하겠지만, 생각해보면 여태껏 살아오면서 직관적으로 어떤 느낌이 강하게 들었을 때 그 느낌을 따랐다가 후회했던 적은 단 한 번도 없었다.

이와는 대조적으로, 결정을 내릴 때 이성이 직관을 무시했다가 벌어진 참사는 여러 차례 있었던 것으로 기억한다.

많은 불상사 중에서도 특별히 기억에 남는 사건이 있다. 보리얼리스Borealis 사를 공개한지 얼마 지나지 않아 이사회 회의를 열었을 때의 일이었다. 이 회사는 터틀 프로그램이 끝나고 나서 몇 년 후에 내 손으로 직접 세운 소프트웨어 회사였다. 당시에 우리가 맡았던 임무 중 하나는 투자 은행이 승인할 만한 이사회 위원 두 명을 선정하는 일이었다. 한 명을 고르는 것은 식은 죽 먹기였다. 추천을 받은 다른 한 명이 문제였다. 그와 나는 사이가 좋지 않았고, 서로를 신뢰하지도 않았다. 나는 우리 회사처럼 작은 회사가 이사회에서 서로 부딪히는 일이 있어서는 안 된다고 생각했다. 직관적으로 다른 사람을 보내달라고 투자 은행에 요청해야겠다는 생각이 들었다.

온종일 진행되는 이사회 회의가 열리기 전에 마련하는 저녁 식사 자리가 파하고 나서, 나는 다른 이사회 위원 중 한 명에게 걱정거리를 털어놓았다. 그는 은행이 추천해준 사람으로 그냥 밀고 나가는 편이 좋지 않겠느냐고 충고해주었다. 그 위원은 우리가 관계를 개선해나갈 수 있을 것으로 여겼던 것이다. 그 위원은 나보다 비즈니스 경험이 훨씬 풍부했기 때문에, 나는 잠자코 그의 충고를 따랐다. 하지만 그날 이후 그의 충고를 따르기로 한 결정을 후회하지 않은 순간이 없었다. 그의 말을 따를 것이 아니라 내 직감의 소리에 귀를 기울여야 했던 것이다.

회사의 경영권을 두고 벌어진 싸움으로 너무 많은 시간을 허비했고, 결국에는 회사를 송두리째 무너뜨리고 말았다. 나는 정말로 직감을 따라야 했었다.

거래에서도 직관이 유용하게 쓰이지만, 특히 인생 전반에 걸쳐 매우 가치 있게 사용할 수 있다. 위험이 임박하거나 재앙이 닥치기 전에 직관이 미리 경고를 해주기 때문이다. 그러므로 특정한 행동이나 대인관계와 관련하여 직관이 위험하다는 신호를 보내오면 무시하지 않기를 권하는 바이다.

세월이 흐름에 따라 나는 직감을 점점 더 신뢰하기 시작했고, 그렇게 내린 결정들에 대해 대단히 만족감을 느끼기도 했다. 물론 직관에 너무 의존한 나머지 잘못된 결정을 내리게 되는 한계선이 저 멀리 어딘가에 존재하리라는 사실은 알고 있다. 그 선은 직관력과 의식적이고 논리적인 사고력 간의 완벽한 균형을 나타낸다.

다행히도 아직까지 그 선에 도달한 경우는 없었다. 오히려 직감을 믿으면 믿을수록 일이 더 잘 풀리는 것 같다는 생각이 들뿐이다.

이 책을 통해서 독자들도 나처럼 직감을 믿는 방법을 터득하여 거래를 할 때 양쪽 뇌를 골고루 활용할 수 있게 되기를 바라는 바이다.

그리고 인생을 살면서도 마찬가지로 그러하기를 기대해 본다.

| 거래의 기술에 관한 3부작 |

이 책을 통해 우리는 두뇌를 골고루 활용하는 데 도움이 되거나 방해가 되는 거래의 심리에 대해 배웠다. 또한 이러한 지식이 우리가 리스크를 관리하는 데 있어 어떻게 우위를 점하게 해주는지에 대해서도 배웠다. 독자들에게 부탁하건대, 이 책을 통해 얻은 지식을 이용하여 여러 가지 기술을 실전에 적용시켜보고 그 결과를 정리해서 www.curtisfaith.com으로 보내주기를 바란다. 물론 질문거리가 있거나 거래하다가 문제가 생겼을 때에도 웹사이트에 올려주기를 바란다. 내가 이런 부탁을 하는 이유 중 한 가지는 독자들로부터 나도 무엇인가를 배울 수 있기 때문이다. 이 책은 내가 양쪽 뇌를 골고루 이용하는 거래에 관해 집필할 세 권의 책 가운데 가장 첫 번째 책이다. 이 뒤를 이을 두 권의 책에 실을 내용과 www.curtisfaith.com에 올릴 관련된 콘텐츠에 대해 생

각해보면, 다른 트레이더와 투자자들의 경험으로부터 새로운 것을 배우는 일은 매우 흥미진진할 것으로 예상된다.

두뇌를 골고루 활용하여 거래하는 것의 장점은 당신이 원하는 그 어떤 형태의 자산군asset class이나 투자 부문에든 적용시킬 수 있으며, 어떤 규모의 거래 계정에나 쓰일 수 있다는 점이다. 내가 다음에 집필하고자 하는 책은 외환 거래에 관한 내용을 담고 있는데, 독자들은 이 책을 통해 50대1 혹은 무려 200대1의 레버리지*를 활용할 수 있는 고위험, 고수익의 세계에서 소매 외환 거래 계정을 가지고 양쪽 뇌를 골고루 이용하여 거래하는 방법에 대해 배울 수 있을 것이다. 그리고 제3부작 가운데 마지막인 세 번째 책에서는 적은 자본으로 거래하는 방법을 소개할 예정이다. 이 세 권의 책을 통해 나는 초보 트레이더에서부터 왕성한 활동을 하는 수준 높은 트레이더에 이르기까지 다양한 수준의 트레이더들과 함께 거래 및 리스크에 관한 심리에 대한 경험을 공유하고자 한다.

외환 거래를 다루게 될 다음 책은 내가 특별히 관심을 두는 분야이기도 하다. 외환 시장은 내가 겪어본 시장 중에서 수익을 가장 꾸준하게 올릴 수 있는 시장이다. 나는 직관의 중요성을 다룬 이 책의 앞부분에서 조지 소로스가 본능에 의지한다는 사실을 언

---

* leverage: 다른 트레이더들의 자본금을 이용하여 자금 조달 효과를 가져오는 것으로, 이를 활용할 경우 적은 자금으로도 큰 금액의 거래를 성립시킬 수 있다는 특징을 지닌다. 영업레버리지, 재무레버리지, 결합레버리지 등 세 가지 종류가 있다.―옮긴이

급했었다. 이론의 여지는 있지만 소로스는 역사상 가장 전설적인 통화 트레이더이다. 외환 시장은 투자금의 규모에 관계없이 어떤 트레이더든 진입할 수 있는 몇 안 되는 고 레버리지 시장 가운데 하나이다. 약 1조 달러의 규모를 자랑하는 외환 시장은 특히 양쪽 뇌를 골고루 사용하는 거래 기법에 적합하다. 두뇌를 골고루 활용하는 거래 방식은 우리가 어떤 크기의 계정을 소유하고 있든지 간에 우위 있는 거래가 가능하도록 도와줄 것이다.

새 책에서 다루고자 하는 몇 가지 주제를 이 기회를 빌려 간단히 소개해보고자 한다.

1. 외환 브로커들의 세계 | 외환 브로커들이 어떤 방식으로 돈을 버는지 알아보고, 어떤 브로커를 선택할 것인지 결정하는 일이 외환 거래에 관계된 여러 가지 결정 가운데 가장 중요한 일이 될 수 있는 이유에 대해 살펴보도록 하겠다.

2. 레버리지에 관해 알아두어야 할 점 | 외환 거래에 있어서 레버리지는 중요한 보너스로 작용한다. 레버리지는 상대적으로 적은 금액의 자금으로도 커다란 수익을 올릴 수 있는 기회를 제공한다. 그러나 레버리지에 대한 이해나 관심이 충분하지 않을 경우, 오히려 커다란 손실을 입을 우려가 있으므로 주의할 필요가 있다. 이러한 이유로 레버리지를 높이 책정하는 것은 전문가들의 몫이다. 선택한 거래 기법에 적합한 수준의 레버리지를 알아낼 수 있는 방법에 대해 알아보자.

3. 큰물에서 놀기 | 외환 시장은 각국의 중앙은행들이 자기 나

라의 통화 가격을 통제하지 못할 만큼 커다란 규모를 자랑한다. 이 같은 특징 때문에 외환 트레이더들은 시장에 더 각별한 관심을 쏟을 필요가 있다.

4. **외환 트레이더들의 심리** | 일반적으로 외환 트레이더들은 다른 트레이더들에 비해 더 빠른 속도로 자본금을 불려나가기를 원하고, 최초 자본금 자체를 별로 들이지 않기 때문에 무슨 수를 써서라도 원금을 보호해야겠다는 의지가 약한 편이다. 이 때문에 외환 트레이더들은 거래에 영향을 끼칠 수 있는 특정한 심리적 결함에 취약할 수밖에 없다. 이를 방지할 수 있도록 스스로 마음을 다스리는 방법을 배워보도록 하자.

5. **재량적 거래 혹은 시스템 거래** | 외환 트레이더의 관점에서 본 재량적 거래와 알고리즘을 이용한 시스템 거래의 차이점을 살펴보도록 하겠다. 이러한 차이로 인해 알고리즘을 이용한 거래 시스템이 외환 트레이더들에게 적합한 여러 가지 단기 거래 기법에 적용되기 어렵다는 사실이 분명해질 것이다.

6. **적정 수준의 리스크 감수하기** | 리스크도 너무 크고 레버리지도 높으면 주식 계좌에 큰 타격을 입을 우려가 있다. 자본금이 적을 경우 단 한 번의 잘못된 거래만으로도 순식간에 재앙이 닥칠 가능성도 있다. 외환 트레이더에게는 일반적인 리스크 관리법이 별 도움이 되지 않는 경우도 간혹 발생한다. 거래별로 어느 정도의 리스크를 감수해야 할지 알아낼 수 있는 방법을 배워보도록 하자.

7. **올바른 거래 기법 선택하기** | 데이 트레이딩이나 스윙 트레이

딩 또는 더 장기적인 거래 기법 가운데 어떤 기법이 스스로에게 적합한지 알아낼 수 있는 방법을 배워보자.

8. **트레이더로서 성장하기** | 거래 계정의 크기가 커질수록 트레이더가 선택할 수 있는 거래의 폭도 넓어진다. 다른 종류의 소매 계정으로 옮겨갈 준비가 되어 있는지 여부를 알 수 있는 방법을 배워보고, 이러한 계정들 간의 차이에 따라 선택한 거래 기법을 적응시킬 수 있는 방법에 대해서도 다루도록 하겠다.

Trading From
Your GUT

| 참고 문헌 |

▶참고 서적

• 제럴드 도날드슨(Gerald Donaldson). 『판지오, 그 전설의 일대기 (Fangio: The Life Behind the Legend)』. 런던: 버진, 2009.

• 커티스 페이스(Curtis Faith). 『터틀의 방식(Way of the Turtle)』(번역본). 뉴욕: 맥그로힐, 2007.

• 게리 클레인(Gary Klein). 『직관력의 힘(The Power of Intuition)』. 뉴욕: 커런시북스, 2003.

• 게리 클레인. 『의사결정의 가이드 맵(Sources of Power: How People Make Decisions)』(번역본). 보스턴: MIT프레스, 1998.

• 구스타브 르봉(Gustav Le Bon). 『군중 심리(The Crowd: A Study of the Popular Mind)』. 뉴욕: 코시모 클래식스, 2006.

• 에드윈 르페브르(Edwin Lefevre). 『어느 주식투자자의 회상 (Reminiscences of a Stock Operator)』(번역본). 뉴욕: 와일리, 1994.

• 제시 리버모어(Jesse Livermore). 『주식 매매하는 법(How to Trade in Stocks)』(번역본). 뉴욕: 듀엘과 슬론, 피어스, 1940.

• 칼 루드빅센(Karl Ludvigsen). 『카레이싱의 대가, 후안 마누엘 판지오 (Juan Manuel Fangio: Motor-Racings Grand Master)』. 영국 서머싯: 헤인즈, 1999.

• 찰스 맥케이(Charles Mackay). 『대중의 미망과 광기(Extraordinary Popular Delusions and the Madness of Crowds)』(번역본). 버지니아 주 레드포드: 와일더, 1841.

• 찰스 파텔(Charles Patel). 『상품과 주식을 위한 기술적인 거래 시스템 (Technical Trading Systems for Commodities and Stocks)』. 사우스캐롤라

이나 주 그린빌: 트레이더스 프레스, 1998.
- 다니엘 핑크(Daniel H. Pink). 『새로운 미래가 온다(A Whole New Mind: Why Right Brainers Will Rule the Future)』(번역본). 뉴욕: 리버헤드, 2006.
- 조지 소로스(George Soros). 『소로스가 말하는 소로스(Soros on Soros: Staying Ahead of the Curve)』(번역본). 뉴저지 주 호보켄: 와일리, 1995.

▶권장 도서
- 마크 콘웨이와 애런 벨(Mark R. Conway and Aaron N. Behle). 『전문적인 주식 거래(Professional Stock Trading)』. 매사추세츠 주 월섬: 애크미 트레이더, 2003.
- 마크 더글라스(Mark Douglas). 『투자 심리학에서 길을 찾다(Trading in the Zone: Master the Market with Confidence, Discipline and a Winning Attitude)』(번역본). 뉴욕: 프렌티스 홀 프레스, 2001.
- 알렉산더 엘더(Alexander Elder). 『주식시장에서 살아남는 심리 투자 법칙(Trading for a Living: Psychology, Trading Tactics, Money Management)』(번역본). 뉴욕: 와일리, 1993.
- 커티스 페이스(Curtis Faith). 『터틀의 방식(Way of the Turtle)』(번역본). 뉴욕: 맥그로힐, 2007 (포지션 크기를 결정하는 법을 다룸)
- 아리 키에프(Ari Kiev). 『주식투자 성공전략- 시장 장악의 심리학(Trading to Win: The Psychology of Mastering the Market)』. 뉴욕: 와일리, 1998.
- 찰스 르보와 데이비드 루카스(Charles LeBeau and David W. Lucas). 『기술적 접근법을 취하는 트레이더를 위한 선물시장 분석 안내서(Technical Traders Guide to Computer Analysis of the Futures Market)』. 뉴욕: 맥그로힐, 1992.
- 브렛 스틴바거(Brett Steenbarger). 『매일 만나는 거래 코치- 스스로의

거래 심리학자가 되는 101가지 방법(The Daily Trading Coach: 101 Lessons for Becoming Your Own Trading Psychologist)』. 뉴저지 주 호보켄: 와일리, 2009.

- 브렛 스틴바거. 『거래의 심리학(The Psychology of Trading: Tools and Techniques for Minding the Markets)』. 뉴저지 주 호보켄: 2003.
- 반 타쁘(Van K. Tharp). 『경제적 자유를 위한 나만의 거래 기법(Trade Your Way to Financial Freedom)』. 뉴욕: 맥그로힐, 2006. (포지션 크기를 결정하는 법을 다룸)
- 리처드 와이즈만(Richard L. Weissman). 『기계적 거래 시스템(Mechanical Trading systems: Pairing Trader Psychology with Technical Analysis)』. 뉴저지 주 호보켄: 와일리, 2004.

▶거래 고수들이 들려주는 경험담

- 에드윈 르페브르(Edwin Lefevre). 『어느 주식투자자의 회상(Reminiscences of a Stock Operator)』(번역본). 뉴욕: 와일리, 1994.
- 잭 슈웨거(Jack D. Schwager). 『시장의 마법사들: 세계 최고의 트레이더들과 나눈 대화(Market Wizards: Interviews with Top Traders)』(번역본). 메릴랜드 주, 컬럼비아: 마켓플레이스, 2006.
- 잭 슈웨거. 『시장의 새로운 마법사들: 세계 최고의 트레이더들과 나눈 대화(The New Market Wizards: Interviews with Top Traders)』. 메릴랜드 주, 컬럼비아: 마켓플레이스, 2008.

▶기타 참고 문헌

- 토비 크라벨(Toby Crabel). 『데이 트레이딩(Day Trading with Short Term Price Patterns and Opening Range Breakout)』. 사우스캐롤라이나 주 그린우드: 트레이더스 프레스, 1990.

- 토마스 길로비치(Thomas Gilovich). 『인간 그 속기 쉬운 동물(How We Know What Isn't So)』(번역본). 뉴욕: 프리 프레스, 1993.
- 로버트 파르도(Robert Pardo). 『거래 시스템의 설계, 검증, 최적화(Design, Testing, and Optimization of Trading systems)』. 뉴욕: 와일리, 1992.
- 웰레스 와일더(Welles J. Wilder). 『기술적 거래 시스템의 신개념(New Concepts in Technical Trading Systems)』. 노스캐롤라이나 주 그린즈버러: 트렌드리서치, 1978.

통찰력으로 승부하라

초판 1쇄 발행 2011년 6월 20일
초판 3쇄 발행 2023년 6월 1일

지은이 **커티스 페이스**
옮긴이 **황선영**

펴낸곳 **(주)이레미디어**
전화 031-908-8516(편집부), 031-919-8511(주문 및 관리) | 팩스 0303-0515-8907
주소 경기도 파주시 문예로 21, 2층
홈페이지 www.iremedia.co.kr | 이메일 mango@mangou.co.kr
등록 제396-2004-35호
편집 **공순례, 김윤정** | 디자인 **에코북디자인**
마케팅 **김하경** | 재무총괄 **이종미** | 경영지원 **김지선**

ⓒ 2011, 커티스 페이스
저작권자와 (주)이레미디어의 서면에 의한
허락 없이 내용의 전부 혹은 일부를 인용하거나 발췌하는 것을 금합니다.

ISBN 978-89-91995-55-1 13320
- 가격은 뒤표지에 있습니다.
- 잘못된 책은 구입하신 서점에서 교환해드립니다.
- 이 책은 투자 참고용이며, 투자 손실에 대해서는 법적 책임을 지지 않습니다.